Confidencias © Eliecer Marte, 2023.
Todos los derechos reservados. Nueva York, EE. UU.

Página web: eliecermarte.com

Edición y consultoría en publicación: Yasmín Rodríguez
Textos de contraportada: Yasmín Rodríguez
The Writing Ghost®, Inc.
www.thewritingghost.com

Diseño y edición de portada: Stanley De la Cruz
Fotografia del autor: Wilmer Jael, Pro-Essentials Studio
Ninguna parte de este libro puede reproducirse o transmitirse de ninguna forma y por ningún medio, sea electrónico o mecánico, incluyendo fotocopias, grabaciones y cualquier sistema de almacenaje o de reproducción –excepto en el caso de citas breves para reseñas –sin licencia escrita del autor.

Editorial La Pereza
www.lapereza.net

Este libro es resultado del conocimiento y pensamientos del autor. El propósito de su contenido es solamente informativo. El autor recreó eventos, lugares y conversaciones a partir de sus recuerdos. Para mantener el anonimato, en algunos casos se cambiaron los nombres de personas y lugares. Además, hay cambios en algunas características y detalles de identificación, como propiedades físicas, ocupaciones y lugares de residencia. El autor de ninguna manera representa a ninguna empresa, corporación o marca mencionada en este documento.

Sobre el lenguaje inclusivo, el género gramatical (masculino, femenino) suele asociarse al sexo biológico; sin embargo, gramaticalmente incluye en su referencia, en condiciones de plena igualdad y equidad, a todos los géneros. En la lengua española el empleo de los sustantivos masculinos genéricos no es una práctica discriminatoria, sino que, al emplearlo, se evitan repeticiones innecesarias y permite el uso de un lenguaje llano, claro y conciso. Siguiendo las recomendaciones de la Real Academia de la Lengua Española (RAE), en este libro se usa el masculino genérico o masculino con carácter colectivo; por consiguiente, no solo se refiere al género masculino, sino a todos los géneros que forman parte de la comunidad.

ISBN: 978-16-23752-17-0

Dedico este libro a mi abuela Clemencia, por ser la responsable de que, a través de la unión familiar, los domingos se convirtieran en los mejores días de mi infancia. Nunca le mencioné que era gay, pero creo que no fue necesario. Llegó a conocer y compartir con Erick en varias ocasiones y, entre carcajadas, le decía que se parecía a alguien que conoció cuando ella era joven.

Lo dedico a cada adolescente, joven y hombre gay que, tras mi «salida del clóset» y el anuncio de mi boda, me escribió diciendo que mi valentía le dio la fuerza que necesitaba para no cometer una tragedia y vivir su vida a plenitud y sin miedo.

Lo dedico a cada persona que, sin importar su orientación sexual o identidad de género, se siente atrapada dentro de un clóset del cual no encuentra salida.

Muy especialmente, le dedico este libro a mi papá. Aunque no ha sido nada fácil, aquí quedan plasmadas las palabras que aún no he podido decirle de frente. Honestamente, no sé cuál será el resultado. Hasta el momento, estas páginas sirven como parte de mi sanación. Anhelo que usted también encuentre la suya. Aún mantengo la esperanza.

Gracias a mi madre, Mercedes, porque todo lo que soy se lo debo a ella. Mami, si hubiera una palabra con un significado más profundo que la de «madre», o «mamá», su nombre sería el sinónimo.

Agradezco a mis hermanos, Franklin y Edwin, por estar ahí para mí, por sentirse orgullosos de mí tal y como soy, al igual que yo estoy orgulloso de ustedes.

A ti, mi amado esposo, Erick, gracias por asumir mi vida como la tuya y lanzarte conmigo en este camino que continuamos construyendo juntos. Gracias por el arroz con pollo y habichuelas (frijoles) que estás cocinando ahora mismo. No puedo escribir con hambre.

A cada persona que me dio la mano o me abrió una puerta durante mi niñez, como adolescente, durante mis años universitarios o en cualquier etapa de mi carrera.

A esas personas que me cerraron todas las puertas que estaban en sus manos. Se les olvidó que siempre hay más llaves y, además, ventanas. Gracias por motivarme, les aseguro que todavía lo continúan haciendo y son ustedes mismos los principales testigos.

Gracias a ti, querido lector. Si sabes de mí por mi trabajo en la televisión, ahora vas a saber mucho más. Si me conoces personalmente, ahora me conocerás como nunca. A todos ustedes que dedicarán su tiempo leyendo estas próximas páginas, gracias por convertirse en mis confidentes. Espero que sea de su agrado.

TESTIMONIO

Recibir un mensaje de Eliecer en el que me pedía ser parte de su autobiografía, *Confidencias*, me sorprendió y me dio mucho gusto. Siempre me hizo sentir como un mentor, y quiero creer que aporté ánimo y sabiduría en momentos que, después de leer su historia, entiendo como situaciones personales que requerían todo de él para salir adelante.

Desde que conocí a Eliecer, noté en él cierto nerviosismo y timidez al prepararse para salir al aire, pero una vez que comenzaba su presentación, esto desaparecía. Eso me habla de alguien que, aún estando en lugares importantes, sabe que la humildad es el mejor camino para seguir aprendiendo y creciendo, claves del éxito que él tanto valora y menciona en su libro. A través de los capítulos de su autobiografía, conocerán a un Eliecer que superó retos que muchos vivimos, aunque de maneras distintas.

La historia de Eliecer abarca desde su infancia en el Caribe, su paso por Nueva York y Miami, sus logros periodísticos y reconocimientos, hasta su entrada triunfal por la alfombra roja con su pareja. Nos hace reflexionar sobre los obstáculos que la sociedad o nosotros mismos nos imponemos, y cómo la tenacidad y la valentía son el mejor camino para superarlos. Aunque Eliecer insiste en que su historia no es una guía, creo que es un mapa que muestra las virtudes que debemos buscar para alcanzar nuestras metas y nuestra libertad.

Debo decir que le enseñé a Eliecer cómo ponerse la corbata, un detalle pequeño pero significativo, porque hoy en día forma parte de su imagen en los medios angloparlantes. Ese movimiento a la televisión anglosajona es algo que pocos pueden presumir, y por lo cual lo admiro enormemente. Disfruten este libro y dense permiso, como lo hizo Eliecer, de ser ustedes mismos.

Carlos Calderón Abarca.
Presentador televisivo, ganador de los premios Emmy, arquitecto.

ÍNDICE

Prólogo	17
¡Qué muchos clósets hay!	23
Los domingos siempre eran felices	27
Del sueño a la realidad	35
El vaivén de mi desencanto — PR y RD	41
O say, can you see...	47
Papá, ya no puedo escuchar tu voz	53
Bailando mis penas	61
Miami, la ciudad del sol	65
Entre el deseo y el remordimiento	75
La Gran Manzana	81
Enfrentando realidades	87
Sí, soy gay, pero no para todo el mundo	91
Encontré a mi *nerdy*	97
Mami, soy gay	103
Regreso a Miami	107
Sex Symbol	115
Se acabó la sal y ya no hay pimienta	119
Amor en París	125
El cáncer tocó a mi puerta	131
Sí, soy gay y me caso	137
La boda de ellos tiene que ser la mejor	145
La pandemia, la casa, la mamografía	153
Éramos dos, y fuimos cuatro	159
And the winner is... Los Emmys	163
En busca de un regalo	169
Esto es solo una pausa	173

PRÓLOGO

«¿Escribir yo el prólogo de tu libro?», le pregunté con asombro y dudas a Eliecer. Y pensé, ¿me estará escribiendo a mí?, ¿se habrá confundido en el *WhatsApp*?. Pues no, no fue un error. Casi como un reto, me pidió que lo escribiera. Un reto como el que él asumió al escribir el libro de su vida.

Confieso que antes de leer el borrador de este libro, no conocía a Eliecer Marte, su autor. Sí soy un fanático de su manera de hacer periodismo, y sigo en las redes sociales sus historias periodísticas y personales. También lo sigo por ser un «domini» que nos representa por lo alto en los medios extranjeros de Miami y Nueva York, quien reportó el primer caso de coronavirus en Nueva York en un canal hispano.

Hoy conozco a otro Eliecer Marte gracias a su libro *Confidencias*. Leer su vida resumida en apenas 120 cuartillas fue una extraordinaria experiencia en mi vida. Espero que sea igual para cada uno de ustedes.

No fueron pocas las lágrimas que limpié en el camino de una lectura que te atrapa desde el inicio por su lenguaje llano y muy coloquial. En un estilo sincero y apasionado, Eliecer nos plantea muchas preguntas que luego responde con el ejemplo de su vida.

El libro tiene una narración cronológica. Primero, sitúa al niño Marte en su barrio de Santo Domingo; luego, disfrutando en la casa de su abuela en Los Mina de un presentador negro, como un tizón, que se impuso en la televisión dominicana con su *Sábado de Corporán*.

Y es ahí donde comenzamos a ver cuán diferente es Eliecer Marte. Pudo haber imitado a otros grandes animadores dominicanos, blancos, quizás incluso más cultos e instruidos que el viejo Corpo. Pero el niño tomó como patrón al negro popular, al de la voz ronca y frases fáciles, al líder del populacho, para inspirarse y hacer desde el garaje de la casa de su abuela su propio «programa de televisión».

Después vino la primera migración a Puerto Rico, «la experiencia más amarga de nuestras vidas», y el comienzo de su decepción con su padre. Eliecer nos comparte el regreso a la República Dominicana con la cabeza baja y la rápida mudanza a Lawrence, en Estados Unidos, sin saber una gota de inglés. «Pasé de ser acosado en Puerto Rico por ser dominicano a ser acosado en Lawrence por ser un hispano recién llegado», confesó el autor, quien define el sacrificio como el apellido de cada emigrante. El Lawrence Ballet Academy lo alejó de los malos hábitos que lo rodeaban y calmó los llantos con sollozos cuando extrañaba a su padre.

Son reveladores los capítulos dedicados a la siguiente mudanza: a Miami. Ahí vemos su experiencia con el otro gran sábado de la televisión, el del gigante Don Francisco, la Universidad de Miami y el periodismo. Eliecer comparte sus vivencias en la pasantía del canal local 41, las cadenas Univision-Telefutura y Telemundo.

En diferentes capítulos, escribe con gran emotividad sobre su homosexualidad. Aborda este tema sin tapujos ni medias palabras, abriéndonos los ojos a ese mundo sin convertirlo en un espectáculo morboso para atraer lectores. Eliecer cuenta sus contradicciones internas con Dios, la iglesia, su madre y hermanos sobre su sexualidad, lo cual es digno de leer. A Franklin y Edwin, sus hermanos, les escribió: «Dios me hizo o nací siendo gay. Yo gracias a Dios no me avergüenzo de mí mismo».

No podemos evitar sentir su rabia y desilusión cuando un ejecutivo de una gran cadena de televisión, después de felicitarlo por su talento, le dijo que necesitaba un pequeño empujón, «y comenzó a frotarse su pene por encima del pantalón». Esta fue otra prueba de parte de Dios y la vida para que decidiera entre el camino fácil o el difícil en el mundo de la televisión y los medios.

Su paso por una fraternidad con la intención de curarse su homosexualidad: «La realidad fue que me puse más gay que nunca», reveló parte de sus conflictos internos. En Miami también dejó a un amor para regresar a Nueva York graduado de periodista, con solo veintiún años y 500 dólares en el bolsillo.

«Los que sobreviven a esta jungla urbana son aquellos que saben desarrollar un equilibrio entre el disfrute y las responsabilidades de la vida». Y, en una de esas noches de trabajo, conoce a Erick, su *nerdy* y actual esposo.

Erick le dio a Eliecer su anillo de compromiso, y para ese entonces Eliecer ya disfrutaba de un éxito tremendo en Univision con *Sal y Pimienta*. Quizás por eso, cuando le invitaron a regresar a Miami para tener mayor protagonismo, no lo pensó dos veces y se lanzó. Pero, así mismo volvió a hacer maletas, porque ese programa se canceló y la depresión comenzaba a carcomerlo. Aquí descubrimos otro de sus clósets. Es un momento para leer una y otra vez y tomar apuntes sobre todo lo que cuenta Eliecer en sus confidencias sobre esta etapa, la cual se mezcló inesperadamente con el diagnóstico de un cáncer a su madre.

Eliecer nos dice entonces cómo salió de ese nuevo clóset de incertidumbre, dolor y preocupación ante una enfermedad catastrófica que ponía entre la vida y la muerte al ser que más quería en su vida.

El libro incluye otros momentos dulces, agridulces y tristes por los que transita la vida de Eliecer Marte, incluyendo otra preocupación: el aumento desproporcionado de uno de sus senos. Vivimos junto a él los exámenes médicos y la larga espera de los resultados para determinar de qué se trataba, y si tenía también cáncer como su madre.

Pero, existe en este libro otro clóset del cual Eliecer sale con todas sus fuerzas: el amor o desamor de su padre. Eliecer revela: «Mi papá no era un superhéroe, sino un hombre mujeriego consumido por las drogas y el alcohol». Abandonando ese difícil clóset, él escribe las palabras que aún no ha podido decirle de frente a su padre. Sin embargo, su padre le escribe directamente a Eliecer desde la cárcel en un largo intercambio epistolar, diciéndole que sabía que él era gay. Lo hace sin reclamos ni cuestionamientos.

La última página de *Confidencias* no es un final, sino todo lo contrario. Deja abierta la posibilidad de un próximo libro que cuente sobre el nuevo clóset que se abre para Eliecer y Erick, quienes se casaron en Las Terrenas, Samaná, en una boda casi de película, con localidades secretas y amenazas de homofóbicos.

El clóset de la paternidad les espera después de haber vivido la experiencia de ser padres temporales no con uno, sino con dos niños. Dos meses después de la llegada de los primogénitos, Eliecer y Erick decidieron tener otro bebé a través de la maternidad subrogada o gestación por contrato.

Eliecer Marte nos regala un libro que inspira, educa o simplemente nos hace sentir menos solos en cada uno de los diversos clósets que tiene la vida. Estos clósets no solo son los de aquellos confinados por su orientación sexual, sino también los de la desesperanza, los temores, las frustraciones, los traumas familiares, la pobreza material y de espíritu.

Confidencias es un canto al rompimiento de cada clóset que le resta felicidad a nuestras vidas, porque como dice el autor en varias ocasiones, la vida es solo una.

Esperamos con ansias la segunda parte de las *Confidencias* de Eliecer Marte. Quizás le quedan muchos otros clósets por abrir y compartir como una catarsis y para su sanación.

Pero esperamos, sobre todo, que en el futuro libro regresemos al clóset de su padre, para ver si por fin Eliecer pudo escuchar su voz.

Roberto Cavada.

Periodista, presentador de noticias y locutor. Productor y presentador de la emisión estelar de Telenoticias, el noticiero de Telesistema 11, en República Dominicana.

¡QUÉ MUCHOS CLÓSETS HAY!

Mi vida está llena de altibajos como la de todo el mundo, pero puedo decir sin lugar a dudas que estoy satisfecho con lo que he vivido y que soy exitoso. Sin embargo, el camino para llegar hasta aquí no fue fácil. Me cuestioné quién era, quién quería ser y por qué estaba donde estaba en muchos momentos. Entender que mi visión de éxito en la vida era solo mía, y que cada persona alcanza sus metas y opiniones según sus propios criterios, me liberó de mi propio encierro.

Pero, lo interesante es que me di cuenta de que todos, de una manera u otra, pasan tiempo encerrados en sus propios clósets. Esto no tiene que ver con la orientación sexual o identidad de género. Los clósets son esos cuartos mentales de los que no podemos salir cuando nos preocupamos más por la opinión de los demás que por lo que nosotros mismos pensamos y creemos. Escribí este libro porque creo que mi historia puede ayudar a otros a encontrar la salida de su propio encierro. Tal vez, con mi ejemplo, mis lectores puedan descubrirse a sí mismos y tener la fuerza de ser auténticos consigo y con el mundo.

Creo que puedo ayudar a otros porque mi salida del clóset fue pública y escandalosa. Me llamo Eliecer Marte, y soy periodista y presentador de televisión en español e inglés. Mi experiencia en las principales cadenas televisivas hispanas de Estados Unidos me permitió dar el brinco a los medios anglosajones. Además, soy esposo de un hombre maravilloso y padre de unos angelitos que la vida nos ha prestado. Llevo muchos años frente a las cámaras de televisión y mi vida es un libro abierto. Claro está, solo han visto las páginas que llegan al ojo público. Hay páginas escondidas, porque hay secretos que guardé por muchos años. Pero, no todos los secretos se callan para siempre. Por eso, me entrego en cuerpo y alma mediante estas líneas, revelándote mi lado más íntimo y personal.

Siempre he desempeñado el trabajo de narrar historias de eventos importantes, situaciones políticas, celebridades o personas de nuestras comunidades y su cotidianeidad. Pero, en este caso, este libro me lleva a invertir los roles. Este espacio es para mi historia. Aquí les cuento cómo me formé, desde mi infancia hasta hoy. Todas las experiencias que les comparto en estas líneas marcaron mi vida y le dieron forma a mis creencias, valores, opiniones, metas y sentido de triunfo.

Comparto todas mis experiencias, tanto las positivas como las negativas, ya que incluso lo que en algún momento parecía malo, hoy en día ya no lo es. Lo que ha pasado, pasó y no lo puedo alterar. Sin embargo, si puedo aprender de ello y usar ese conocimiento para mejorar mi vida actual, entonces ya no es algo negativo. En cambio, contribuye a mi sensación de éxito.

Quizás se pregunten por qué hablo tanto del éxito. Para mí, no tiene que ver con mi nivel de educación, mi carrera en televisión o mis finanzas. Me considero una persona exitosa porque a medida que he madurado y he experimentado diferentes situaciones en la vida, estoy orgulloso de ser quien soy y nunca comprometeré mi visión de mí mismo por nada ni por nadie. Me he descubierto a mí mismo, y no cambiaré ese descubrimiento por un trabajo, una posición, la fama o la fortuna. Mi esencia como ser humano no está en juego en ninguna circunstancia.

Quiero dejar claro que respetar la diversidad es parte de mi esencia, tanto en mí como en los demás. Gracias a eso, comprendí que el triunfo es relativo y que lo que significa ser exitoso es tan variado como seres humanos hay en el mundo. Cada persona tiene su propio sueño de éxito. Por eso, también comprendí que muchos nunca podrán entender mis logros, porque no están dentro de mi mente ni vivieron mis experiencias.

En estos momentos, mis logros están en mi vida familiar, en tener y criar una familia saludable tanto física como emocionalmente. Además, mi visión del éxito incluye la evolución constante, por lo que tengo aspiraciones en mi carrera que implican expansión y crecimiento. Estas son mis metas. Asimismo, su éxito, amigos lectores, consiste en alcanzar sus metas sin tener que cambiar para agradar a otros o depender de ellos. Es lograr ser feliz siendo ustedes mismos y nunca conformarse con menos.

Sepan que este libro no sirve como guía para quienes quieran salir del clóset por su sexualidad, porque no tengo una bola de cristal para decirles cómo hacerlo. Mi historia es sobre cómo descubrí mi identidad como un ser humano en su totalidad, y cómo llegué a ser completamente feliz. No se trata solo de mi sexualidad. Espero que les sirva como ejemplo de lo que puede suceder si se dan la oportunidad.

Como dato interesante, les cuento que este libro se desarrolló en mi mente mientras estaba en mi clóset. No, esto no es lenguaje figurado. En mi casa hay un clóset muy cómodo y bonito, donde tengo un pequeño escritorio. Aquí puedo pensar con tranquilidad y además, la iluminación es muy buena. Así que, muy apropiadamente, les narro mi historia desde mi clóset, pero es un clóset abierto, inclusivo, donde cabemos todos y desde donde cada uno puede, si le pone empeño, salir del suyo.

LOS DOMINGOS
SIEMPRE ERAN FELICES

Nací un sábado de junio en la segunda mitad de la década de los ochenta en la Clínica Altagracia de Santo Domingo, República Dominicana. Mi familia nunca fue la misma después de ese gran suceso. Fui el querendón, ya que mi mamá tenía a mis hermanos mayores Franklin y Edwin. Pero, tan pronto comencé a caminar y hablar, ya se sabía que «el muchachito iba a dar candela». No por ser travieso, sino porque desde el principio fue obvia la vena del arte, y no había canción o baile en el que yo no participara.

La culpa mayor la tuvo la televisión. Esa caja mágica me mantenía horas pendiente, enfocado en la música, los colores y los sonidos de sus programas infantiles. A muy corta edad, ya estaba tratando de imitar lo que veía en esos programas, lo cual me hacía feliz.

Vivir en la República Dominicana me brindó la oportunidad de crecer rodeado de familia y amigos en un entorno social y cultural muy diferente al de los Estados Unidos. Los caribeños somos muy sociables, y como latinos, la familia es sumamente importante para nosotros. No solo es saber que la tenemos, sino que vivimos literalmente juntos. Aunque cada uno tenga su casa, siempre hay alguien de la familia visitando o nosotros haciéndoles una visita. La privacidad y el espacio personal muchas veces se sacrifican en aras del bien común de tener a tus parientes cerca la mayor parte del tiempo. No es extraño tener una reunión familiar donde lleguen entre treinta y cuarenta de tus familiares más cercanos. La seguridad y la tranquilidad de saber que siempre hay alguien pendiente de ti y te apoya son incomparables.

Por todo esto, mi vida familiar fue plena. Crecí sabiéndome querido y la mayor parte de mi crianza fue por parte de mi mamá. Tuve la suerte de crecer junto a mi abuela materna, mis tíos y primos. Aunque mi abuela paterna vivía en Puerto Rico y mi papá emigró a la isla del encanto cuando yo era bien pequeño en busca de un mejor porvenir, él nos visitaba frecuentemente. Aunque vivían en países distintos, mis padres no se separaron. Eran una pareja poco usual, pero ese vaivén de visitas les funcionaba.

Todos los domingos hacíamos el viaje a la Nicolás Casimiro, Barrio San Antonio, en Los Mina, ya que era una tradición familiar visitar a la abuela Clemencia. Yo esperaba ese día con ansias, porque mi abuela nos preparaba un tremendo desayuno. Todavía puedo transportarme a esos momentos y oler el exquisito chocolate caliente acompañado del pan de agua tostado de caldero con mantequilla y queso amarillo derretido. Mi niñez fue muy feliz, pero sin duda puedo decir que los domingos en casa de abuela Clemencia fueron los momentos más felices de mi infancia.

Mi mamá, mis hermanos y yo, vivíamos a treinta y cinco minutos de distancia de la abuela. El viaje hasta allá era interesante, por decirlo de alguna manera bonita. Para aquellos que no han tenido la oportunidad de visitar el Caribe, en las tardes de verano el calor es tan opresivo que casi se puede tocar, y la humedad es tan alta que parece que estás bajo el agua. Solo los caribeños entendemos la importancia de las brisas causadas por los vientos alisios, donde el olor del salitre es bienvenido porque sabemos que viene acompañado por un poco de alivio para el sofoco.

Por otro lado, el tráfico de vehículos en mi país es desafiante, por no decir una aventura desquiciada. Llegar de un sitio a otro sin tener un accidente o causarle un mal rato a alguien, o sin llevarse por el medio a una de las motocicletas o motonetas que llevan a cinco personas en vez de una o dos, es casi un milagro.

Pero los domingos desde bien temprano eran sagrados. Incluso íbamos a la iglesia del barrio de la abuela, la iglesia San Vicente de Paul. Allí llegué a formar parte del coro infantil, aunque no canto en lo absoluto.

Mi prima Yamilex, quien es unos cuantos años menor que yo, siempre nos esperaba en la entrada de la casa para recibirnos, llena de emoción y alegría. Recuerdo que entonaba una canción que decía, «llegaron la gente con bonche y vacilón…». Y es que precisamente eso eran los domingos para nosotros, ¡un tremendo vacilón!

Regresando un momento a mi pasión por la televisión, la misma nació gracias a un ícono de la televisión dominicana, el señor Rafael Corporán de Los Santos (que en paz descanse). Yo me vivía a «Don Corpo», quería ser como él, y obviamente mi sueño era trabajar en su popular programa infantil, *Sábado Chiquito de Corporán*. Buscando ser lo más parecido posible a él, cada domingo el garaje de mi abuela se convertía en el estudio de mi programa de televisión, *Un domingo feliz*. Ese era el nombre de lo que para mí se convirtió en mi pasaporte al éxito, por lo menos mi éxito.

A mis siete años, *Un domingo feliz* no era un juego, sino algo que tomaba muy en serio. Corporán, en su programa infantil, tenía un elenco de bailarinas y animadoras llamadas las «corporecitas», así que yo tenía las mías, llamadas las «dominguitas y domingueras». Yamilex se convirtió en mi mejor aliada. Juntos buscábamos a los demás muchachitos del barrio y nos juntábamos para crear el espectáculo. Yamilex y su hermana Yanil eran las fijas, porque vivían en la casa de mi abuela. Mis otras dos primas, Nairobys y Gisell, se integraban al elenco cuando venían de visita. Les cuento que *Un domingo feliz* llegó a ser tan exitoso en el barrio que luego hicimos audiciones para incorporar a otros niños. Bailábamos en cumpleaños y hasta en las fiestas patronales de la iglesia.

Sepan que ese embeleco se convirtió en toda una producción. Teníamos días de ensayos durante la semana. El «programa de televisión» se transmitía «en vivo» todas las tardes frente a los amiguitos del barrio, quienes pagaban un peso dominicano para entrar al «estudio» (el garaje de mi abuela) y vernos. Decorábamos ese espacio con globos y otros inventos que encontrábamos en la casa. Cualquier cosa mal puesta podía terminar como parte de nuestra escenografía.

Mi tía Martha nos ayudaba a preparar las palomitas de maíz y la gelatina para ofrecer una merienda al público. Además, teníamos premios para los ganadores de los diferentes concursos que organizábamos. También, mis primas y yo coordinábamos nuestra vestimenta y peinado, ellas se vestían iguales y yo me coordinaba con el color de sus atuendos.

Durante los días de semana, cuando no estaba en casa de mi abuela, yo iba a «mi oficina» que era la habitación de mis hermanos en nuestro apartamento del vecindario Invivienda. Esa habitación tenía dos camas individuales con un gavetero que me parecía enorme en ese entonces, encima del cual había un espejo.

¡Oh Dios, si ese espejo pudiera hablar! En frente de él surgían muchos pensamientos, ideas, sueños y metas. Me imaginaba que las dos camas eran sillas llenas de gente, mi público, que venía a verme.

Yo bailaba, cantaba y, con un cepillo de pelo en la mano (el micrófono), presentaba todo un espectáculo que incluía anuncios de cualquier producto que viera sobre el gavetero. El desodorante, la crema y los perfumes eran mis patrocinadores. Este era mi espacio, donde yo creaba magia y mi imaginación me transportaba a pensar que estaba en el estudio de ese programa infantil, *Sábado chiquito de Corporán*, que tanto me gustaba y en el cual quería trabajar.

Recuerdo que las niñas y jovencitas que trabajaban en ese programa siempre usaban botas altas. Mi deseo de estar allí era tan grande que en muchas ocasiones me llegué a poner unas botas blancas que eran de la señora que ayudaba a mi mamá en la casa. No, nunca dudé ni cuestioné mi género de nacimiento, y tampoco he sentido la necesidad o el deseo de vestirme de mujer. Tal vez me ponía esas botas porque quería sentirme parte de ese programa o porque hacerlo despertaba mi lado femenino (creo que todos los hombres lo tenemos). Honestamente, todavía no tengo la respuesta.

Estoy bien claro sobre lo que le diría a ese pequeño Eliecer que se paraba frente al espejo, si pudiera. Le diría: «Vas a estar bien, lograrás tus sueños y alcanzarás tus metas. No todo será a la velocidad que deseas y a la rapidez de otros, porque tú tienes tu propio proceso. Tendrás trabas y pruebas que superar, llegarán retos y desafíos en el camino, pero lo vas a lograr. Y aún cuando hayas logrado lo que te propones, estarás en una constante montaña rusa cargada de emociones, con altas y bajas. Pero, primero tienes que saber quién eres, encontrarte contigo mismo, aceptarte y entender tu propósito». Esto no suena nada fácil, ¿verdad? En realidad, no lo ha sido, definitivamente mi vida fue y es precisamente eso: una montaña rusa de acontecimientos y emociones. Todo valió la pena y continúa valiendo la pena.

Siempre diré lo feliz que fui durante mi infancia en la República Dominicana. Mi familia no era rica, salimos de una familia humilde, no muy pobre pero no de clase media tampoco, muy trabajadora, y dentro de los alcances de mis padres nunca nos faltó nada. Esos primeros años de formación fueron la base para mi desarrollo como persona, tanto la privada como la que ahora comparto con mi público. Además, fueron los momentos que sembraron en mí la semilla del arte.

De izquierda a derecha, Yanil, mi tía Martha, Yo (Eliecer), Gisell (atrás), Yamilex (frente), mi tía Sandra con Emil en sus brazos, Nairobys. Esto es en la casa de la abuela Clemencia en Los Mina

Con mi madre, Mercedes «Teresa» Ledesma

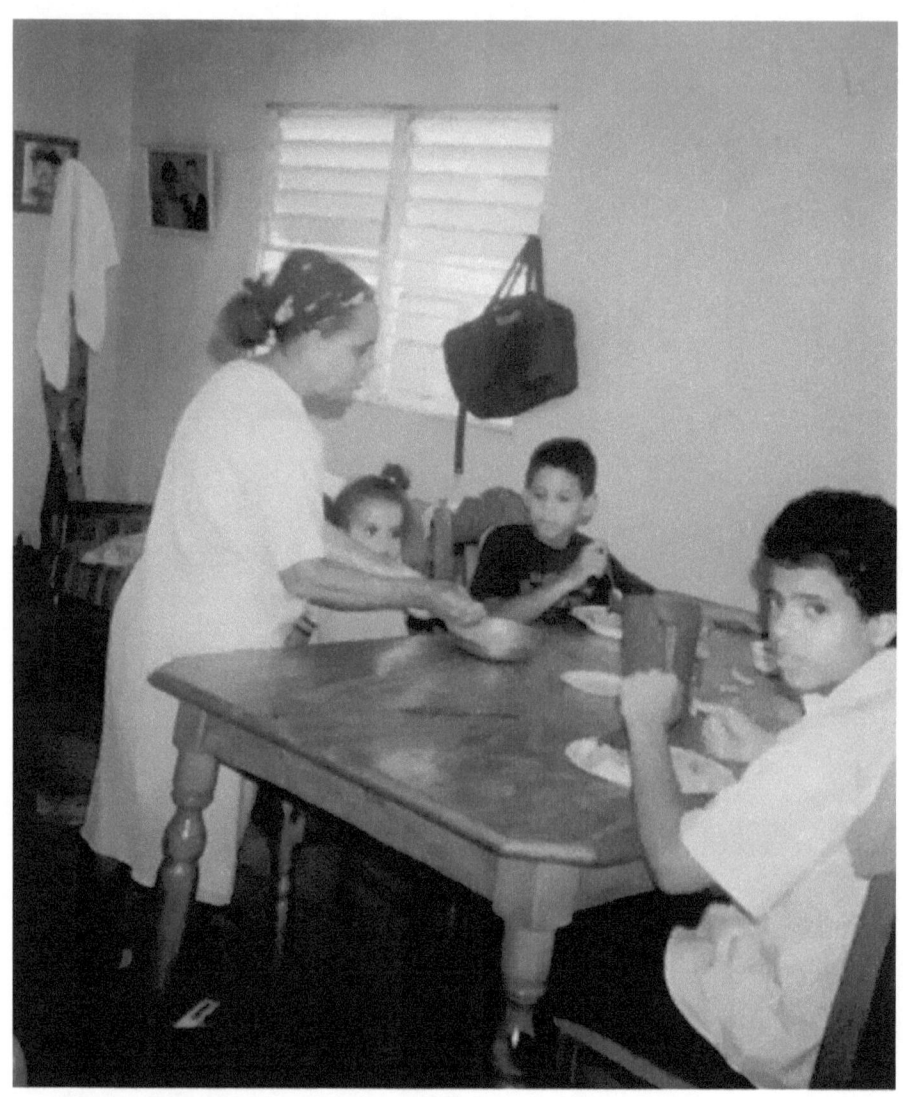

Abuela Clemencia sirviendo el chocolate y las tostadas de pan de agua con mantequilla y queso amarillo a Yamilex, Edwin y Franklin

DEL SUEÑO
A LA REALIDAD

Aunque yo tenía «éxito» (en mi cabeza de niño) como productor del programa *Un domingo feliz*, seguía soñando con conocer a don Rafael Corporán de Los Santos. Su oficina estaba en un lugar llamado el Circuito Corporán, y yo llamé a su asistente en muchas ocasiones tratando de hablar con él. Obviamente, nunca me lo pasaban al teléfono. Me imagino que la asistente estaba cansada de recibir las llamadas de aquel niño insistente. Ella no sabía que don Rafael era mi ídolo. Aún hoy sigue siendo una de mis grandes inspiraciones.

Mientras tanto, yo seguía produciendo y creando mis programas domingueros para el vecindario. Mi tía Martha, muy astuta, se dio cuenta de que todo eso era más que un simple juego para mí. Ella dijo, «no, pero este muchachito da para algo. Esto es de verdad, esto no es relajo». Entonces, convenció a mi madre de llevarme a audiciones para diferentes oportunidades en la televisión. Eventualmente, mi madre obtuvo un auto, nada de lujo, pero que nos llevaba de un punto a otro. Cuando ella no podía llevarme, mi tía me llevaba en carros públicos y hasta en «motoconchos», como le llamamos a las motonetas. Íbamos tocando puertas, a veces sin saber si nos recibirían o no, pero mi madre y mi tía nunca perdieron la fe. Además, como siempre he sido persistente, no tuvieron otra opción.

Una de esas tardes calurosas y sabrosas del trópico, mi mamá y mi tía Martha me llevaron a audicionar al Circuito Corporán, el edificio donde estaba la producción y las oficinas de Don Corpo. Ya yo tenía ocho años. Cuando entramos, mi corazón se quería salir de mi pecho. Nos llevaron al salón de ensayos y mis ojos no podían creer lo que veían. ¡Allí estaban todas esas personas que yo veía en el televisor! Eso fue para mí como estar por primera vez en Disneylandia. Una de las productoras se acercó a nosotros y me preguntó, ¿qué sabes sobre este programa de televisión? Yo, con una emoción indescriptible, le respondí, «¡Todo! ¡Las canciones, los bailes, hasta los anuncios y comerciales!».

Es importante recalcar la magnitud de lo que yo dije. El programa *Sábado Chiquito de Corporán* era un programa en vivo de cuatro horas de duración. O sea, yo les aseguré que conocía todo el contenido de esas cuatro horas, incluyendo los comerciales. Entonces sucedió algo que cambió el rumbo de mi vida. Pusieron la canción principal del programa y, junto a todo el elenco, la bailé y la canté. Para hacerles el cuento corto, me aceptaron como parte del elenco. Ahí, en ese preciso momento, mi primer sueño se convirtió en realidad.

Pero, para lograr ese sueño a mis tiernos ocho años, tuve que ponerle empeño y trabajar duro. Llegar a esa audición fue el último peldaño de la escalera que comencé a subir haciendo mis espectáculos de domingo, ensayando con mis primas y demostrándole a mi madre y a mi tía que todo eso era algo serio para mí. Mi sueño se logró porque demostré mi capacidad.

Luego de mi audición, me incorporaron a uno de los cuerpos de baile del programa, llamado *Los dinámicos*. La encargada de ese grupo vivía en Gualey, un barrio que por sus necesidades y pobreza no tiene buena fama. No había mucha seguridad. Realmente era un sitio peligroso. Pero, quedaba mucho más cerca de mi casa que el Circuito Corporán. Además, la mayoría de los que estaban en ese cuerpo de baile vivían en ese mismo barrio, así que mi mamá me llevaba a ensayar allá.

Comencé a ver el lado súper protector de mi madre cuando fui con ella a aquel barrio y siempre estaba pendiente de mi más mínimo movimiento. Los sábados teníamos que estar en el canal de televisión, 9 Color Visión, a las seis de la mañana para comenzar el proceso de maquillarnos y vestirnos, y mi mamá estaba conmigo en todo momento, nunca me dejaba solo. No podían maquillarme con las puertas cerradas, y cuando me tocaba cambiar de vestuario ella me sacaba aparte. Ella no permitía que me dieran comidas sin su supervisión. En fin, siempre sentí que mi madre no dejaba que nada malo me pasara, y mi experiencia como niño «estrella» fue muy linda.

Por otro lado, en aquel lugar fue donde vi por primera vez el lado homofóbico de mi mamá. Los estudios del canal se usaban para otros programas, algunos para audiencias adultas. Compartíamos espacios con actores, bailarines y cantantes adultos, y algunos de ellos tenían manerismos afeminados. Mi mamá pensaba que ellos representaban algún peligro para mí y me mantenía alejado de ellos.

¡Pero ya yo había tenido mi primer encuentro con alguien de mi propio género! Nada romántico, ni emocional. Fue puro instinto. Estando en un autobús con el equipo de baloncesto, me encontré sentado al lado de un amigo en la parte trasera. Nos empezamos a toquetear, curioseando más que nada, pero el chofer se dio cuenta y formó un «sal pa' fuera». Nos reportó en la escuela y nos enviaron a lo que yo llamaría un retiro espiritual. Nuestra exploración sensorial no terminó ahí a pesar de los muchos «Padre Nuestro» que nos tocó rezar.

Realmente no fue la gran cosa, pero me resulta interesante la reacción de mi madre ante los adultos obviamente homosexuales luego de esa experiencia. Entiendo que, dentro de su poco conocimiento en aquel entonces de lo que es ser homosexual, hacía todo lo posible para que nada me «influenciara» y «encaminarme» por la vía correcta.

El programa de televisión terminaba al mediodía y luego nos llevaban por diferentes lugares en un autobús con el logo del programa en ambos lados. Cuando ese autobús pasaba por mi barrio, causaba una revolución. Todos los muchachitos salían a la calle, haciendo ruido y tratando de ver quién estaba adentro, saludándome.

Fueron momentos gloriosos en los que me sentía como una estrella de Hollywood. Todo esto duró alrededor de tres años. Sin embargo, cuando tenía once años, mis padres decidieron reunir a la familia y mudarnos a todos a Puerto Rico.

Yamilex y Yo junto a Isabel Aracena, «Isha».
Televisión infantil, República Dominicana

Esta foto es muy valiosa para mí, donde estoy junto a don
Rafael Corporán de Los Santos, «Don Corpo»

EL VAIVÉN
DE MI DESENCANTO — PR Y RD

El 20 de septiembre de 1997, mi madre, mis dos hermanos y yo abordamos un avión por primera vez con destino a San Juan, Puerto Rico. Compramos boletos de la aerolínea Copa para un solo trayecto. En aquel entonces, mi padre ya vivía en aquella isla por varios años.

A pesar de que solo tenía once años y que era un niño que solía seguir las decisiones de mis padres, entendía perfectamente lo que este viaje significaba para nuestra familia: un nuevo comienzo, nuevas oportunidades, progreso, unión familiar y un mejor futuro.

Desafortunadamente, resultó ser todo lo contrario. Aunque Puerto Rico es un territorio hermoso, con gente maravillosa, fue allí donde comenzamos a vivir las experiencias más amargas de nuestras vidas que yo pueda recordar desde que tengo uso de razón. Allí presencié situaciones muy difíciles con mis propios ojos. Mi hermano Edwin y yo fuimos víctimas de acoso escolar, vimos borracheras e infidelidades por parte de mi padre y vivimos el sufrimiento de mi madre. A medida que pasaban los días, las ilusiones con las cuales llegamos ese 20 de septiembre al aeropuerto Luis Muñoz Marín se desvanecían.

Mi padre ocupaba un puesto importante en un restaurante de lujo en la isla. Era un buen trabajo que pagaba bien, así que vivíamos cómodamente y podíamos estudiar en una escuela privada. Mi hermano mayor, Franklin, ya se había graduado de la escuela secundaria y estaba en la universidad. Edwin y yo íbamos a una escuela católica en Santurce, que estaba cerca de nuestra casa y del trabajo de mi padre. En esta escuela, donde yo cursaba el séptimo grado y mi hermano el tercer año de bachillerato, nos ridiculizaban por nuestro acento dominicano. Nos llamaban «los dominis».

Tuve muy buenos profesores, pero nunca olvidaré a una maestra de ciencias cuyo objetivo principal era vernos fracasar. Ella se reía en nuestra cara si obteníamos una mala calificación, esa era su mayor satisfacción. Pero se enojaba y se enfurecía si obteníamos una A o una B. «¿Por qué el domini tiene buenas notas?», nos decía en tono burlón. Siempre fui muy aplicado en mis estudios, me encantaba ir a la escuela desde que tengo memoria. Mis hermanos me cuentan que lloraba cuando no me tocaba ir a la escuela. En cambio, Edwin siempre fue rebelde. Pero, al mismo tiempo, tenía un carácter fuerte y militar. Por eso lo apodan «Trujillo».

La experiencia en ese colegio nos abrumó. En cada fila, salón y baño, no faltaban comentarios y burlas. Era una tortura. De la oficina de la directora llamaban a Edwin una y otra vez. Recuerdo que, en una ocasión, Edwin le golpeó la cara con la bandeja de metal del almuerzo a otro estudiante que se estaba burlando de nosotros. En otra ocasión, su oponente terminó con la cabeza dentro de un inodoro. Ambos se lo ganaron por discriminar contra nosotros por ser dominicanos. Al ser nuevos, provenientes de Quisqueya y hablar diferente, Edwin y yo estábamos en una posición perfecta para ser acosados.

Un día, mientras estábamos en el colegio, escuchamos por la bocina una voz que decía: «Edwin y Eliecer Marte, reportarse a la oficina». Lo primero que pasó por mi mente fue que mi hermano Edwin nos había metido en algún problema. Sin embargo, el que ocasionó el problema fue mi papá. En la oficina de la directora estaba mi madre y, por su expresión, me di cuenta de que algo estaba mal. Nos llevó a casa y nos dijo: «recojan, que nos vamos». Ese fue el final de nuestra estadía en la isla del encanto, que duró un año y tres meses.

Resulta que mi papá estaba en malas andadas. Siempre ha sido buen mozo, con unos ojos verdes que impresionaban, y en ese entonces ganaba buen dinero. Aunque siempre trabajaba duro, era débil de carácter. Comenzó con malas amistades, luego se convirtió en un mujeriego, de ahí pasó al alcohol y las drogas, y algo grande sucedió que hasta el sol de hoy no tengo claro. Mi mamá, a quien no culpo, hacía todo lo posible para que nosotros siempre viéramos a mi papá como una figura intachable y de respeto.

El caso es que si se quedaba en Puerto Rico se iba a perder o terminaría preso, así que no le quedó más remedio que empaquetar a la familia y comprar boletos de ida, pero para Santo Domingo. Como en una escena de una película, en un abrir y cerrar de ojos estábamos de regreso en República Dominicana, justo a tiempo para pasar las navidades de 1998.

Mientras tanto, mi madre decidió quedarse en el matrimonio para mantener a la familia unida, a pesar de las andanzas de mi padre con mujeres y vicios. Yo no juzgo su decisión, ya que ella fue la más afectada y nadie puede decirle cómo reaccionar. Siempre fue (y sigue siendo) importante para ella tener a su familia unida. El problema es que para nosotros, sus hijos, la imagen de nuestro padre cambió por completo. Aunque mi madre trató de ocultarnos la mayoría de los problemas, algunas cosas eran obvias. Nos dimos cuenta rápidamente de lo que estaba pasando. No se podía ocultar el hecho de ver a mi padre borracho y comportándose como alguien que no está en sus cinco sentidos. Las mujeres lo buscaban a plena luz del día, y no se podía esconder el sol con un dedo.

Agradezco mucho la infancia que disfruté hasta los once años, porque a partir de ese primer viaje a Puerto Rico, los traumas, desencantos, desilusiones, decepciones, tristeza y momentos muy oscuros se convirtieron en parte de nuestra vida cotidiana. Vivimos momentos felices y de progreso también, pero las amarguras siempre estaban presentes.

Una vez pasadas las navidades, mi madre tuvo que enfrentar la situación en la que nos encontrábamos. Mi papá no tenía un trabajo estable. Buscar trabajo en la República no era una opción fácil para ella, así que tomó la decisión de regresar a Puerto Rico junto a mi hermano mayor, Franklin, para trabajar y enviarnos dinero. Mi hermano Edwin y yo nos quedamos con mi papá en Santo Domingo, donde yo terminé mi octavo grado en el colegio Cristo de los Milagros y Edwin se graduó de bachillerato.

Mami y Franklin vivían en un cuarto muy pequeño en San Juan. Mi madre, cuando vivíamos en República Dominicana, recibía el dinero que mi papá le enviaba y además vendía productos de belleza. Mayormente se dedicaba a su hogar. Cuando regresó a Puerto Rico se vio limpiando casas, cuidando niños y atendiendo a personas de edad avanzada. Mi hermano Franklin siempre ha sido muy astuto y tiene buen poder de convencimiento. Buscó trabajos en ventas, remesas y todo lo relacionado con atención al cliente. Pero lo que ganaban no era suficiente. De más está decir que mami y mi hermano Franklin estaban pasando el «Niágara en bicicleta».

Mientras tanto, aunque mi papá nos llevó corriendo a cuestas para evitar su arresto en Puerto Rico, continuó con su mal comportamiento y malas decisiones en la República. Allí terminó tras las rejas.

Tengo que decir que, dentro de todo el torbellino que estaba ocurriendo en mi familia, recuerdo con mucho cariño ese tiempo que pasé en el colegio Cristo de los Milagros. Por un lado, no tenía muy claro lo que estaba sucediendo con mi papá y tampoco me esforcé por enterarme. Me dediqué a bloquear las cosas negativas que estaban pasando y me enfoqué en estudiar, hacer amigos y enamorarme.

Esas amistades que tuve durante mi tiempo en aquel colegio fueron muy importantes, y algunas todavía están presentes en mi vida. También conocí a una chica muy bella por dentro y por fuera allí. Ella era diferente a todas las demás. Sentí que la quería de una manera especial, y la considero mi primer amor. Tuvimos una relación seria, o tan seria como se puede tener a esa edad. Fueron momentos muy lindos en mi vida, que me permitieron sobrevivir el desastre que estaba ocurriendo en mi hogar, con mi papá en prisión, mi mamá en Puerto Rico, y nosotros en la incertidumbre.

Mi papá reapareció nuevamente, después de estar encarcelado por un tiempo. Nueve meses luego de haber regresado a la República Dominicana, surgió la idea de irnos nuevamente a Puerto Rico para reunirnos con mi madre y con Franklin, pero el destino tenía otros planes, y todos terminamos en Massachusetts.

O SAY, CAN YOU SEE...

Cuando era niño, mi madrina, a quien llamamos «China», vivía en Estados Unidos. Siempre que nos visitaba, me decía: «Eliecer, tu familia y tú van a irse conmigo a Massachusetts. Te veo jugando en la nieve, y ese va a ser tu hogar. Te veo jugando en los bosques, en los árboles. Algún día se van a ir a mi casa». Mientras mi hermano Edwin se graduaba de la escuela secundaria y yo terminaba mi octavo grado, mi hermano Franklin decidió buscar suerte en Estados Unidos y aceptó la oferta de mi madrina, mudándose a Lawrence, en el mismo estado donde vivía mi madrina. Allí comenzó a trabajar haciendo entregas de comida. Después de unos meses viviendo con mi madrina, se mudó con su novia a un apartamento. Fue allí a donde mi mamá y yo nos mudamos también, en septiembre de 1999, unos meses después de que mi papá ya se hubiera mudado.

Quiero tomar un momento para expresar lo orgulloso que estoy de mi madre y mis hermanos. Todos trabajaron y se esforzaron para salir adelante. Entregaron pizzas, limpiaron casas, trabajaron en restaurantes chinos y empacaron en turnos nocturnos, entre otros trabajos honrados y de valía. Ellos son unos verdaderos campeones que saben lo que es sudar la gota gorda. Aunque su historia suene común para muchos inmigrantes, para mí es especial al ser mi familia y haber vivido en carne propia lo que pasaron.

Mi padre era un hombre cambiado, y mi madre le dio otra oportunidad de quedarse en la familia, lo que significó que todos nos mudáramos al pequeño apartamento de una habitación que tenía mi hermano Franklin con su novia. Estábamos apretujados, como sardinas en lata. Tres meses después llegó Edwin, y nos dimos cuenta de que éramos muchos, y «no había cama para tanta gente». A pesar de todo, estábamos felices, porque llegamos a Estados Unidos y perseguíamos el sueño americano.

Para mí, el sueño americano (realmente el sueño estadounidense, porque americanos somos todos los que vivimos desde Canadá hasta la Tierra del Fuego) es la búsqueda constante de superación, lograr diferentes metas, cumplir sueños y alcanzar algún tipo de éxito. Sin embargo, todo esto se logra a base de sacrificios. ¡Hablemos de sacrificios! Considero que esa palabra debería ser el apellido de todo inmigrante que literalmente llega sin nada a Estados Unidos para comenzar a construir una nueva vida. Eso fue precisamente lo que comenzamos a construir en Lawrence.

Lawrence es como el Washington Heights de Massachusetts. Allí hay muchos dominicanos, por lo que es fácil sentirse «en casa». Es una ciudad donde las oportunidades están a la par con la pobreza, y aquellos que no se mantienen en el camino correcto se pierden en el mundo de la delincuencia y las drogas. Desde el apartamento de Franklin, viviendo en dos camas divididas por una cortina en la sala, tratamos de comenzar nuevamente. No digo que empezamos desde cero, porque eso es una falacia. Nadie comienza de cero a menos que acabe de nacer. El resto de nosotros llevamos nuestras experiencias vividas y todo lo que ha pasado hasta ese momento en nuestras conciencias y en nuestros corazones. Es mejor decir que comenzamos en Lawrence sin nada, pero sabiendo lo vivido.

Empecé mi escuela superior en Lawrence High School, y mi mamá y mi papá encontraron trabajo en una fábrica de chocolates en un turno nocturno, lo que nos permitió mudarnos a un apartamento más grande. Poco a poco, las cosas empezaron a mejorar.

Cuando llegamos a Lawrence, ya habían comenzado las clases en la escuela superior. Me integré aproximadamente un mes luego del inicio del año escolar. El primer día casi no entré a la escuela. Era un edificio monumental que parecía un castillo. A mis trece años, nunca había visto una escuela tan grande. Cuando finalmente entré, me sentí peor. No sabía cómo ir de un salón de clase a otro. Los pasillos estaban llenos de casilleros, algo que solo veía en las películas. Pensé que me perdería y, de hecho, me perdí un par de veces.

Desafortunadamente, en aquel entonces Lawrence era una de las ciudades más pobres y con más criminalidad en el estado de Massachusetts. Mi escuela tenía mala reputación. Al empezar mi educación, pude entender por qué. Los pasillos estaban llenos de muchachos consumiendo drogas, con bebidas alcohólicas en frascos de jugo, fumando marihuana, quienes se iban a mitad del día y no asistían a las clases. Imaginen lo impactante que fue para mí en aquel entonces. Yo no sabía ni cómo lucía ni olía la marihuana. Al ver a otras personas de mi edad consumiéndola, sentí hasta miedo.

Fue muy difícil mantenerme alejado de las pandillas. Los veía pasar con sus colores en la cabeza. Rojos, amarillos... al principio no sabía lo que estos pañuelos en la cabeza significaban, pero luego me advirtieron y los evitaba al máximo. Nunca me ha gustado la violencia, y mucho menos pelear. No sé si en algún momento me veré en la necesidad de golpear a alguien. A lo mejor en ese momento me sale la bestia interna, o lo más probable es que me den como a pillo de película. Mientras tanto, no soy de pelear y mucho menos a puño limpio. Me pueden llamar cobarde o pendejo, y no me importa.

Por todo lo anterior, me mantuve alejado y además tenía un serio problema: no sabía hablar inglés. Pueden preguntarse cómo es eso posible, si se enseña inglés en las escuelas de República Dominicana y Puerto Rico. Sí, queridos lectores, pero hay inglés y hay INGLÉS. El inglés que aprendí mientras estudiaba en el Caribe era un inglés puramente de texto, enseñado por maestros cuyo idioma principal es el español. Por lo tanto, no tenía ni el acento ni el vocabulario necesario para sobrevivir en Lawrence, Massachusetts.

Debido a eso, estudié en el programa ESL, o English as a Second Language (inglés como segundo idioma). Ese programa me permitió adaptarme rápidamente y entender lo que me decían en inglés. Así, comencé también a hablarlo. Ya en el segundo año estaba en los cursos regulares. En ese año todos tomamos unos exámenes de aprovechamiento académico del estado, el Massachusetts Comprehensive Assessment Test. Pasé ese examen en el primer intento, mientras muchos de los nacidos y criados en EE. UU. lo tomaron tres y cuatro veces. En fin, terminé tomando los cursos avanzados de cálculo y estadísticas en inglés, con buenos resultados.

Este es otro ejemplo de cómo alcancé un sueño, pero gracias al trabajo intenso y al sacrificio. Yo no quería ser ese estudiante que se quedaba por muchos años en un programa especial para aprender inglés. Fueron muchas las noches perdidas en desvelo tratando de terminar trabajos o estudiar para exámenes. Estaba consciente de que todo me iba a tomar el doble de tiempo y esfuerzo, pero eso nunca me detuvo. Quizás no soy el más inteligente, pero sí soy sumamente disciplinado y organizado, y no me gusta estar al final de ninguna lista, o ser uno más del montón.

En esa escuela recibí miradas extrañas y un trato diferente debido a mi acento al hablar en inglés. Pasé de ser acosado en Puerto Rico por ser dominicano a ser acosado en Lawrence por ser un hispano recién llegado. En Puerto Rico me llamaban «domini». En Lawrence me llamaban *hick* y me preguntaban si acababa de llegar en barco. Me criticaban por mi mala pronunciación y por no saber algunas cosas en inglés, diciéndome que tomara clases de inglés en línea. Recuerdo a una chica de mi escuela que se reía en mi cara y me decía «*you need Hooked on Phonics*» (un programa para aprender inglés), refiriéndose a que necesitaba mejorar mi pronunciación.

Lo más fácil hubiera sido dejarme llevar por la rabia y la frustración y caer en malos pasos o en la mediocridad. Mi carácter y pasión por hacer las cosas bien no me permitieron hacerlo. No quería ser simplemente el que estaba con los que son recién llegados. ¿Por qué yo no podía ser un estudiante como cualquier otro? ¿Un estudiante normal? Eso me motivó. Después, yo les enseñaba a los estudiantes recién llegados.

Además de cultivar amistades, me involucré en numerosas actividades y deportes, y hasta fui porrista (cheerleader). Mi equipo estaba formado por mujeres y hombres. Eventualmente, nos graduamos y mi clase marcó un antes y un después en esa escuela, con candidatos aceptados en las universidades más prestigiosas de los Estados Unidos, las Ivy League. A mí me aceptaron en dieciséis universidades. Mi clase rompió el molde de mediocridad y bajó los promedios que habían dado mala fama a esa escuela secundaria. Fui el Class Marshall, el representante de la sociedad nacional de honor y también llevé la batuta en la graduación.

Uno de mis recuerdos más valiosos de aquellos tiempos es el de mi profesor de álgebra, el Dr. Allen Scheier. Él no hablaba español y yo no hablaba inglés. Se esforzaba por enseñarme no solo matemáticas, sino también por ayudarme a tener éxito académico en general. El Dr. Scheier luego fue mi profesor de geometría y de cálculo. Pero más que eso, se convirtió en un gran apoyo y mentor durante mis cuatro años en la escuela secundaria.

No puedo evitar mencionar al Dr. Edward Reynoso. Lo conocí como «Mr. Reynoso». Él era el director de la Academia de Artes y Comunicaciones de Lawrence High School, pero se convirtió en una figura paterna durante esos años cruciales. Nos convertimos en familia. Él firmaba cualquier documento necesario durante mis solicitudes universitarias y, junto con mi mamá, me llevó al campus de mi primera universidad (a cuatro horas de mi casa) y me recogió cuando terminé mi primer año. Su esposa, Stephanie, tuvo un bebé justo cuando estaba en ese año, por lo que siempre estaba despierta durante las madrugadas cuando yo estaba en mi dormitorio estudiando. Hablábamos por texto casi todas las noches.

Obviamente, Edward estuvo ahí cuando me gradué de la Universidad de Miami. Es una de esas personas que Dios milagrosamente pone en tu camino sin que sepas cuán importante será su propósito en tu vida. Me imagino que se preguntan, ¿dónde estaba mi padre? Esa misma pregunta me hacía yo. Solo sabía que llevaba un buen tiempo sin estar en mi vida.

PAPÁ,
YA NO PUEDO ESCUCHAR TU VOZ

Creo que es importante hablar de mi papá, aunque no es fácil para mí. Él fue mi primer superhéroe, y aceptar que nuestra relación se convirtió en mi mayor decepción no es sencillo. Recuerdo cuando éramos chicos y vivíamos en la República Dominicana. En aquel entonces, mi papá vivía y trabajaba en San Juan, pero nos visitaba con frecuencia. Para mí, esos momentos eran de gloria. Lo veía como un supermán más que como un simple hombre. Sentía su protección y amor. Sabía que nunca me pasaría nada malo estando con él. Su palabra era ley para mí. Si él decía que algo era amarillo, aunque fuera rojo, yo lo veía amarillo. Su voz me emocionaba.

Una vez llegó de Puerto Rico con regalos para todos. A mí me dio unos patines que costaron $45 dólares, que era mucho dinero en aquella época. Fueron mis primeros patines y me sentía orgulloso de ellos, enseñándoselos a todo el mundo, porque mi papá me los había regalado.

Por eso, me costó mucho trabajo entender que mi papá era el responsable de todas las cosas terribles que les conté sobre nuestro viaje a

Puerto Rico. Solo cuando vivimos con él en Santo Domingo y lo vimos caer en picada, pude aceptar que mi papá no era un superhéroe, sino un hombre mujeriego consumido por las drogas y el alcohol.

Sin embargo, creo que mi cerebro decidió ignorar todo lo relacionado con mi papá como un mecanismo de defensa. Cuando estaba en el colegio en la República, no pensaba mucho en lo que pasaba en mi casa y con mi padre. De hecho, su encarcelamiento no afectó mucho mi vida cotidiana. Me centré en mi educación, mis amistades y, después de su liberación, en nuestra mudanza a los Estados Unidos. Mi papá pasó a un segundo plano.

Cuando llegamos a Lawrence, mi padre intentó convertirse en el hombre de familia que tanto anhelábamos mis hermanos, mi mamá y yo. Realmente tuvo un nuevo comienzo. Vivía con nosotros, primero en el apartamento de mi hermano y luego en una casa más cómoda a la que nos mudamos. Debido a todo esto, comenzamos a tener una relación más cercana nuevamente. Volví a escuchar su voz y me di cuenta de cuánto la había extrañado.

Al comenzar la escuela superior, también comencé a tomar clases de baile. Un centro de baile llamado Lawrence Ballet Academy ofrecía esas clases fuera de la escuela. Generalmente, después de la escuela, iba directamente a la academia de baile y permanecía allí hasta entrada la noche, a veces hasta las siete u ocho, cuando ya estaba oscuro. Durante los primeros meses, él me esperaba al salir de la escuela de baile, luego caminábamos juntos a casa y pasábamos por el Lawrence Commons Park o «el parque de las ardillas», como lo llamábamos muchos.

Cuando llegó el invierno con sus vientos fríos y la nieve intensa, papi me abrazaba dentro del parque y me cubría con su abrigo, como si fuera una mamá gallina cubriendo a sus pollitos con sus alas. En esas noches, me decía: «solo escucha mi voz, porque mi voz siempre te llevará a donde tienes que ir». Luego, me daba instrucciones sobre cómo caminar debajo de su abrigo. «Ahora gira a la izquierda. Cuidado con el escalón. Ahora vamos hacia la derecha». Yo lo seguía con confianza, como lo hacía cuando era pequeño. Si él decía que algo era amarillo, yo sabía que era amarillo.

Todo esto me llevó a creer que mi papá, mi verdadero papá, el superhéroe, había regresado. Lamentablemente, ese sueño duró poco. A mis quince años, terminando mi décimo grado, llegué un día a mi casa y no había nadie en ella. Eso no era raro, todos tenían horarios diferentes. Pero, yo decidí buscar a mi papá, porque él no trabajaba a esa hora. Cuando entré a su cuarto, lo que encontré fue la cama cubierta de un polvo blanco.

Aquí podría decirles que fue un balde de agua fría, que se me cayó el mundo, que fue una desilusión grandísima, que me tomó por sorpresa... Pero les estaría mintiendo. En algún punto de mi psiquis, yo me lo esperaba. Y lo que me dio fue rabia. Rabia, porque mi padre me comprobó lo que yo no quería creer, que él no iba a cambiar. Rabia, porque abrí mi corazón nuevamente para darle cabida a una relación que no iba para ningún lado. Rabia, porque después de tantos años extrañando su voz, y luego de que él mismo me dijera que escuchando su voz llegaría a donde debía estar, tuve que dejar de oírlo. Dolor, porque escuchar su voz me llevaría a la mala vida, a los malos pasos. Dolor, porque tuve que dejarlo ir y callar su voz.

Después de eso, encontré refugio en la escuela de baile. Al salir de la escuela secundaria, iba directamente a la escuela de baile, y a veces lloraba en el camino. A menudo, me encerraba en una habitación para llorar, con sollozos que sacudían mis hombros, extrañando la guía y el apoyo de una figura paterna. Mi papá se convirtió en un extraño, y aunque sabía que estaba en un mal camino, seguía necesitándolo. Mi decisión de seguir adelante sin él no hizo que fuera más fácil, ni menos doloroso, necesitarlo.

No puedo expresar lo agradecido que estoy por haber tenido un refugio seguro en la escuela de baile. Lawrence era una ciudad difícil, y quien no tenía los pies sobre la tierra, se perdía. Las drogas estaban en cada esquina y la tentación de una vida fácil se llevó a muchos adolescentes enredados. Tenía la presión de la difícil situación de mi padre, las dificultades de mi familia para sobrevivir, y además estaba luchando para descubrir mi identidad sexual. La escuela de baile me mantuvo centrado y enfocado en lo que era realmente importante: mi futuro.

De hecho, durante esa época en la escuela secundaria en la que muchos descubren y exploran su sexualidad, yo dejé la mía «en remojo». Sí, tuve algunos intereses románticos, pero ninguno fue serio, ya fuera con chicas o chicos. Pasé la escuela secundaria dedicado a mis estudios, a mis clases de baile y llorando por lo que no pudo ser con mi papá.

Durante mi décimo grado y mi graduación de cuarto año, mi padre volvió a caer en sus vicios y malas compañías, además de ser infiel. Mientras tanto, mi mamá intentaba mantener la idea de una familia normal, pero eventualmente fue imposible ignorar la realidad. Convencimos a mi papá de intentar un centro de rehabilitación en Boston, lo que resultó ser un fracaso, ya que, de manera sorpresiva, apareció en Alaska sin que nadie supiera por qué. Hasta el día de hoy, hay muchas cosas sobre mi papá que todavía no sé y que ya son un misterio. No volví a verlo hasta que me convertí en adulto y me vi sentado frente a él en una corte.

Si tuviera que decir cuándo me di cuenta de que mi papá no era parte de mi vida, sería al graduarme de la escuela superior. Esa graduación significó mucho para mí y alcanzarla no fue fácil. Además, fui parte de un movimiento que ayudó a encaminar el futuro de mi escuela. La ceremonia de graduación fue el momento más importante de mi adolescencia, pero mi papá no asistió y yo ni siquiera sabía dónde él estaba. Fue entonces cuando me di cuenta de que él no estaba presente en mi vida.

Mi graduación de escuela superior

En el 2007, me gradué de la Universidad de Miami. Mi mamá, mis dos hermanos y Edward Reynoso, mi director de la escuela superior y mentor asistieron a mi graduación. Para ese momento, yo no tenía idea del paradero de mi padre.

No fue hasta el 2009, cuando ya vivía en Nueva York, que volví a tener noticias de él. La noticia, que no me sorprendió, fue que estaba encarcelado en Nueva Jersey. Regresó a vivir con un familiar de su lado materno después de irse de Alaska y continuó en sus malos pasos. Tenía una vista en la corte, y mi mamá y yo fuimos allá. Fue la primera vez que lo vi desde mis primeros años de escuela superior. Estaba esposado y vestía un uniforme de preso de color naranja, nada parecido al caballero de traje y corbata de mis recuerdos. Era una persona que yo, en particular, no conocía. Sentía que el corazón se me salía por el pecho. Tenía ganas de vomitar, llorar y gritarle al mismo juez. Sentía tanto que no sentía nada.

En aquella ocasión, deportaron a mi padre a la República Dominicana y ahora no puede volver a pisar suelo estadounidense.

Muchos podrían preguntarse por qué fuimos a verlo a la corte. Mi madre nos pidió que lo hiciéramos, pues a pesar de todo, él siempre será nuestro padre. Estoy de acuerdo con ese sentimiento. Como hijo, es mi responsabilidad respetarlo y apoyarlo en lo que pueda. Además, su adicción a las drogas y al alcohol son enfermedades que requieren tratamiento, y hay muchos factores que hacen que la persona abandone el tratamiento y recaiga en el vicio. En cuanto a sus decisiones de tener muchas otras mujeres sin importarle el daño que le causó a mi mamá, eso no es resultado de una enfermedad que requiera cura. Esas son sus decisiones.

Sigue siendo frustrante, porque mi familia lo ha apoyado una y otra vez en sus intentos de rehabilitación. Han sido varios, y siempre terminan en la consabida promesa falsa de «voy a cambiar de verdad y lo haré por mi familia». Hemos escuchado esas palabras en muchas ocasiones, pero siempre resultan ser promesas vacías.

Una de las preguntas que constantemente me hago es, «si tanto le importamos, como él dice, ¿por qué hace sufrir a sus hijos y a mi madre, que por tantos años esperó un cambio?». Solo él tiene esa respuesta.

Esta parte es, sin duda, la más difícil de escribir, ya que ni yo mismo la entiendo. Me repito a menudo que escribir sobre esta parte de mi vida es como una terapia, y probablemente es lo que necesito. Honestamente, no sé si puedo explicar mi relación actual con mi padre. Le agradezco de todo corazón que haya hecho los trámites legales para que nuestra familia pudiera venir a los Estados Unidos. Sin embargo, estoy seguro de que, si nos hubiéramos quedado en la República Dominicana, también habríamos salido adelante.

Siempre he respetado a mi padre, porque eso es lo que mi madre me enseñó. Actualmente, hablo con él con moderada frecuencia. Le hago saber que siempre estaré ahí para él, para lo que necesite, siempre y cuando no afecte mi salud mental y emocional. Sin embargo, mis sentimientos hacia él no están definidos. Siento una mezcla de rabia, decepción, dolor y tristeza.

Cuando él lea estas líneas, y yo espero que las lea, se enterará por primera vez de cómo sus decisiones me afectaron. Creo que él es consciente de cómo afectó a mi mamá y a la familia en general, pero no de cómo me afectó a mí en particular. Papi, pasaste de ser mi todo a ser mi nada. Eras mi superhéroe, mi guía, la voz que siempre quería escuchar y que me hacía sentir seguro. Ahora eres sinónimo de desilusión, frustración, y tengo que pensarlo antes de escucharte. Tenía un gran sentimiento de confianza y amor por ti. Te creía todo lo que me dijeras con los ojos cerrados, literalmente. Durante mi adolescencia, esa etapa tan crucial para todo ser humano, tuve que bajarte del pedestal y guardar toda esa confianza en una caja con una gran cerradura. Desafortunadamente, todavía no encuentro la llave para abrirla de nuevo, aunque siempre mantengo la esperanza.

BAILANDO MIS PENAS

Durante mi adolescencia en Lawrence, la ausencia de mi padre me afectó profundamente. Tanto así, que me causó una profunda desilusión con la vida y el llanto se convirtió en mi mejor aliado durante mucho tiempo. Esta pérdida me causó muchos traumas que todavía trato de superar. A pesar de estar en un lugar muy diferente a mi país y con muchas tentaciones para desconectarme del mundo, lo que me mantuvo firme en el camino correcto fue el baile.

En el año 2000, mientras miraba la televisión, vi un programa infantil basado en mi comunidad, Lawrence. Decidí llamar a las oficinas de producción del programa para expresar mi deseo de unirme al elenco. Para mi sorpresa, me invitaron a una audición. Mi mamá, recordando quizás las veces que había audicionado en la República con mi tía Marta, me dio su bendición para asistir.

No puedo decir que la audición fue igual que las de mi infancia, pero mi experiencia en diferentes salones de ensayo y evaluaciones de talento me ayudaron a controlar mis nervios. Allí, dejé a un lado todos mis miedos y preocupaciones y me dediqué a hacer lo que me gustaba.

Canté, actué y bailé, pero fue en el baile donde más me entregué, como suele decirse.

¡Algo hice bien, porque me seleccionaron! Al productor, que era también el dueño de ese espacio televisivo, se le ocurrió que me quería ver acompañado de un cuerpo de baile. Ahí es que me llevan al *Lawrence Ballet Academy*, bajo la dirección de Quity Morgan.

Hasta el día de hoy, afirmo que el universo conspiró para llevarme a esa academia y alejarme de los malos hábitos que me rodeaban. Ese lugar se convirtió en mi refugio y segundo hogar, y quienes trabajaban allí eran mi familia extendida. Durante mi adolescencia, atravesé etapas difíciles a causa de las crisis familiares e internas. Vivía un huracán emocional debido a la inestabilidad de mi padre y su posterior desaparición, mientras luchaba contra mis emociones y sentimientos hacia los hombres. En ese momento, estaba en una constante batalla entre lo que creía correcto y lo que mi mente, cuerpo y corazón me decían que era mi realidad.

Mientras todo eso ocurría, estudiaba en una escuela donde los pasillos estaban llenos de tentaciones negativas, como las drogas, el alcohol o simplemente no estudiar y esperar la graduación para salir de allí. Ante mí veía ambos senderos todos los días - perderme como se perdió mi padre, o tragar hondo hasta llegar a la academia de baile y soltar allí mis frustraciones. Gracias al baile y a la dedicación y perseverancia de mi mamá, que siempre estuvo pendiente de mí, nunca me desvié por el mal camino.

Esa academia de baile vio mucho más que mis pasos danzantes. Cuando llegaba, me encerraba a llorar extrañando a mi padre, quien solía acompañarme y dirigirme con su voz. Mis llantos eran intensos y dolorosos, provocando sollozos que sacudían mis hombros hasta el punto de causarme dolor. Aunque supongo que podían escucharme, los demás en esa academia nunca me molestaron. Además, fue en esa misma academia donde me enamoré de una chica hermosa, talentosa y buena. Ella me llenó de ilusión y esperanza al verla tan tranquila y feliz, rodeada de una familia que la valoraba y la hacía sentir especial. Su belleza interior y exterior era un bálsamo para mis ojos cansados de tanto llorar. Con el tiempo, logramos forjar una linda amistad y aún mantenemos contacto.

Todos los estudiantes de la academia de baile nos convertimos en una familia. Las madres de mis compañeros eran como madres para mí también. Allí pasé la mayor parte del tiempo durante mis años de escuela. Si no estaba en clases o en casa, me encontraban en la academia. Estar allí, bailar y rodearme de personas que me querían y buscaban realzar sus vidas con el arte me ayudó a mantenerme enfocado en mis estudios.

Así pasé mis años de escuela superior, estudiando y bailando. No tenía tiempo ni interés en hacer nada más. Finalmente, ese enfoque y apoyo me ayudaron a obtener excelentes calificaciones en la escuela, lo que me permitió solicitar a las mejores universidades. El «domini», el *hick*, terminó aceptado en casi todas las universidades a las que solicitó para estudiar comunicaciones en los Estados Unidos.

Bailando en una producción del Lawrence Ballet Academy

MIAMI, LA CIUDAD DEL SOL

Cuando me gradué de la escuela superior, tenía la meta de convertirme en periodista de televisión en una de las grandes cadenas hispanas en los Estados Unidos. Sabía que lo primero y más importante era obtener la mejor educación posible en ese campo. Debido a mis altas calificaciones, pude elegir entre varias instituciones que me aceptaron. Finalmente, elegí el Ithaca College, que ofrecía uno de los mejores programas de periodismo, y me mudé al norte del estado de Nueva York.

Cuando estuve en Ithaca, tuve una experiencia académica excepcional, pero la ciudad era muy tranquila. Por mis venas corría la sangre inquieta del Caribe que me decía que tenía que buscar las luces y la sinfonía de los sonidos de una gran ciudad.

Al final de mi primer año universitario en Ithaca, recibí una llamada para una audición de un programa para jóvenes bilingües. Era un programa de televisión local en Miami. Yo tenía una aceptación todavía vigente para la Universidad de Miami y, sin pensarlo dos veces, me apunté para la audición. Por mi mente pasó un solo pensamiento, «este es el momento de un cambio». Con pesar, me despedí de Ithaca, porque, aunque sabía que era mi destino seguir mi rumbo en otro sitio, la educación que recibí allí fue espectacular. Pero ese pesar no duró mucho. Fui al «pulguero» (mercado local), compré el bulto más grande que encontré allí, empaqué mis cosas como pude y emprendí mi camino hacia la ciudad del sol.

Miami me recibió con una energía que me transportó de inmediato a la cultura hispana. La ciudad es vibrante y llena de vida, con música latina y aromas de la comida del Caribe, Latinoamérica y Suramérica que se mezclan en el aire. El español es el idioma predominante, y me sentí como en casa desde el primer momento. Después de instalarme en la universidad, me registré para las materias que me tocaban en ese semestre y comencé a trabajar en el programa juvenil de televisión. Esa fue mi entrada a los medios hispanos en Estados Unidos, y aprendí la frase más común en la industria televisiva, «no hay presupuesto».

Desde muy temprano en mi carrera aprendí que esa sería la frase que más escucharía durante mi trayectoria en los medios. Quizás era verdad, o tal vez no querían contratarme o pagarme lo que merecía. Cuando empecé en ese programa juvenil de Miami, me dijeron que la paga era muy baja. De hecho, no había paga, solo me cubrirían los gastos como el vestuario, transporte, etc. Pero aún así, lo tomé con todo el entusiasmo del mundo, porque para mí, ese era mi pasaporte al éxito.

Vivía en los dormitorios de la universidad y estudiaba gracias a una beca parcial. Pero, también tenía que cubrir mis otros gastos, así que además de estudiar a tiempo completo (con buenas notas, para no perder la beca) y de trabajar en el canal, trabajaba en la oficina de admisiones de la universidad y vendía zapatos en una tienda por departamentos. No estoy seguro de cómo sobreviví a ese trajín, pero mi meta era clara: quería ser presentador en la televisión, así que cualquier sacrificio era poco si me acercaba a mi meta.

El programa no duró mucho. ¡A lo mejor sí era verdad que no tenían dinero para nada! Pero ese tiempo, aunque corto, fue una gran escuela. Durante esa experiencia, aprendí que los programas pueden acabar sin previo aviso. Las razones pueden variar, desde la baja audiencia, el tan conocido «no hay presupuesto» o debido a desacuerdos y luchas de poder entre los ejecutivos. Lo que no cambia es que un día estás grabando y te entregan el guión de la próxima grabación, y al día siguiente te llaman para informarte que el programa se terminó.

Sin embargo, no me desanimé. Con solo dieciocho años y en mi segundo año de periodismo, seguí buscando conexiones en la industria televisiva. Con el tiempo, mis relaciones públicas dieron frutos y me invitaron a una audición. Esta vez me ofrecían un puesto en el elenco juvenil del programa Sábado Gigante, presentado por el grandioso Don Francisco. Pueden imaginarse mi entusiasmo cuando terminé la llamada (después de decir que sí, por supuesto). El programa llevaba en el aire más de cuarenta años sin interrupción, y se transmitía por Univision desde 1986. Más de cuarenta y tres países lo sintonizaban semanalmente. ¡Esta era mi gran, mega, súper oportunidad!

Antes de la audición, ya me imaginaba presentando junto a Don Francisco, llamando a los participantes de la audiencia e incluso bromeando con el «chacal de la trompeta», uno de los personajes del programa. Pasé la audición sin problemas y llegué al programa listo para lo que viniera. Me asignaron varias tareas en el segmento llamado Estrellas del futuro, que incluía presentaciones, bailes y canciones (en mi caso, haciendo doblajes, porque esa era la única tarea del arte en la que no me sentía cómodo). Originalmente el contrato era para una temporada, porque esa era la duración prevista del segmento. Sin embargo, surgieron otras oportunidades con el cuerpo de baile del programa.

Tengo una pasión por el baile, pero siempre supe que mi verdadera vocación era la presentación y el periodismo, y por eso tuve que tomar una difícil decisión. A pesar del dolor y la incertidumbre, renuncié a mi trabajo en Sábado Gigante para buscar oportunidades más cercanas a mi campo. Como estudiante de periodismo, también tuve que cumplir con pasantías para obtener experiencia práctica y establecer relaciones en el campo. Algunas de estas pasantías eran pagadas (no las mías), mientras que en otras ganaba créditos universitarios equivalentes a un curso.

Por fortuna, pude realizar prácticas en diversos canales de televisión, incluyendo el canal local 41 de Miami, la cadena Univision-Telefutura y la cadena Telemundo. Durante estas prácticas me tocó hacer de todo, desde reportajes en vivo (lo cual fue genial), hasta llevar platos de comida a las «estrellas» de los programas donde trabajaba (no tan genial). Aprendí mucho y conocí a personas increíbles que se convirtieron en mis mentores. No obstante, la lección más valiosa que aprendí de mis experiencias como interno fue que muchas personas no alcanzan el éxito debido a su talento o preparación, sino por sus amigos o por hacer cosas que, en mi opinión, van en contra de sus valores y principios.

Recuerdo que en una ocasión estaba corriendo por los pasillos del canal donde hacía mi pasantía en aquel entonces. Esto no era nada fuera de lo común, ya que siempre estaba ocupado con algo. Mi trabajo incluía llevar *betacams* (cintas) desde la sala de edición hasta la cabina de control. En ese momento, todo se editaba «en línea», ya que aún no habíamos entrado en la era digital.

Durante mi apuro, tropecé con un alto ejecutivo del canal. Después de pedir mil disculpas y agacharme para recoger la cinta, el ejecutivo también se inclinó, tomó mi mano y me saludó. «Hola, ¿cómo estás? Yo soy Fulano de Tal», me dijo. Decir que me puse nervioso sería quedarme corto.

—Saludos, soy Eliecer Marte. Estudio periodismo en la Universidad de Miami y estoy haciendo mi pasantía aquí. Mucho gusto. Pero, tengo que correr, porque están esperando esta cinta en el control.

—Eliecer, ¿tienes algún demo (demostración) de lo que has hecho hasta ahora en la universidad? Lo puedes traer a mi oficina mañana en la tarde.

—¡Por supuesto! Mañana sin falta lo traigo. ¡Gracias!

¿Qué, cómo? Ya saben que no tenía ningún demo, ¿verdad? Pero mi mente me decía, «este es tu momento, Eliecer. Ponte para tu número y haz ese demo esta noche sin falta». Eso exactamente hice, gracias a un compañero de clases que me ayudó. Amanecido, pero con gusto, al otro día llegué a la oficina del ejecutivo a tiempo y sin nervios.

Su asistente, que para mí era la guardiana de las llaves de cielo en ese momento, me informó que tenía que esperar porque el señor Tal estaba en una reunión. Aunque intenté mantener la calma, esos minutos se sintieron como una eternidad. Mi corazón latía tan fuerte que temía que la asistente pudiera escucharlo. Finalmente, cuando ella me indicó que podía entrar, sentí mis piernas como de gelatina. Sin embargo, entré con confianza, lo saludé con calma y le entregué mi demo.

—Vamos a ver... —puso el demo en su computadora para que ambos lo viéramos juntos. Al final, pasaron unos minutos de silencio.

—Tienes mucho talento. ¿Qué quieres llegar a hacer?

—Quiero tener la oportunidad de ser reportero, hacer entrevistas y reportajes —le dije con toda franqueza. —Tengo muchas ideas, y puedo llegar a ser un gran presentador.

—Claro que puedes —me dijo mientras se paraba de su silla y cerraba la puerta. —Y no tengo la menor duda de que lo vas a lograr, pero necesitas una empujadita —y comenzó a frotar su pene por encima de su pantalón, evidentemente excitado. —Dime si mañana quieres ser la próxima estrella de este canal.

—Señor Fulano de Tal —yo también me paré de mi silla. —Primero, quiero decirle que no soy *gay* —lo era, pero en mi mundo nada más, no era algo público. —Segundo, si para llegar a ser alguien en esta vida tengo que acostarme con alguien, prefiero no ser nadie. Y tercero, si fuese *gay*, le aseguro que usted no sería mi tipo de hombre. Así que muchas gracias por nada.

Con mucho orgullo y controlando la rabia, salí de aquella oficina con la cabeza en alto sabiendo que no tendría futuro allí después de esa conversación. Desafortunadamente, ese fue el fin de mi suerte en ese canal. Con el tiempo, vi a personas con menos talento y preparación que yo ascender rápidamente. Solo Dios y ellos saben lo que tuvieron que hacer para lograrlo. Mientras tanto, yo permanecí como pasante, entregando comida y llevando cintas de un lugar a otro en los pasillos.

En el canal 41 de Miami durante una de mis pasantías

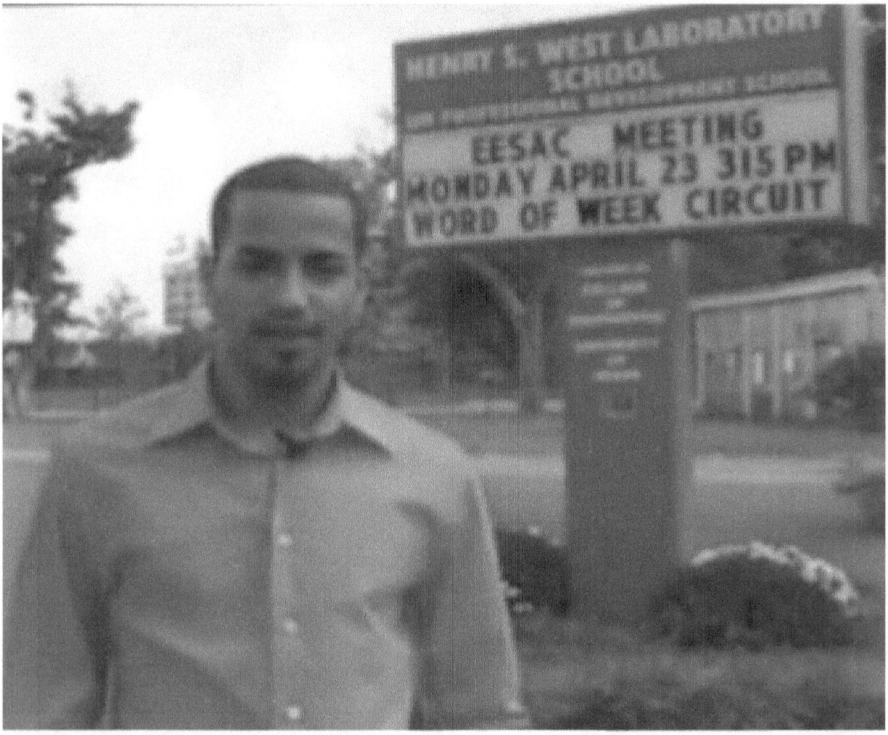
HENRY S. WEST LABORATORY
SCHOOL
EESAC MEETING
MONDAY APRIL 23 315 PM
WORD OF WEEK CIRCUIT

BANKUNITED CENTER

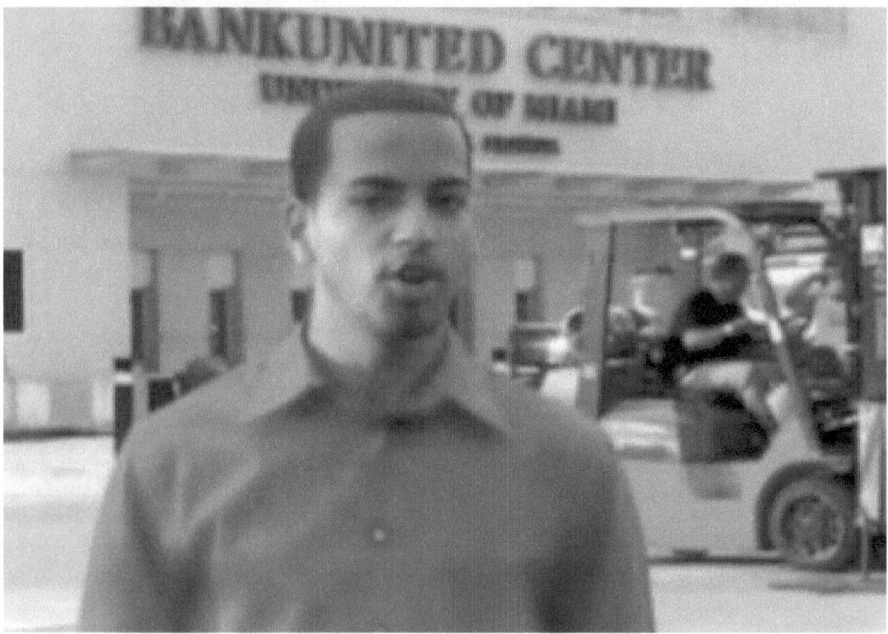

En el canal 41 de Miami durante una de mis pasantías

ENTRE EL DESEO
Y EL REMORDIMIENTO

¿Cuándo supe que era homosexual? Querido lector, puede que te sorprenda mi contestación, pero la realidad es que siempre lo supe. Quizás no conscientemente, pero la atracción hacia mi propio sexo siempre estuvo ahí.

Si me estás leyendo y fuiste una de mis novias de infancia, quiero que sepas que todo fue real. El amor bonito e inocente que sentimos de niños, la pasión y el deseo en la adolescencia, todo lo sentí y fue mi verdad en aquellos momentos. De hecho, fue con mi primera novia oficial, en mis años de adolescente, que perdí la virginidad. Luego tuve mis romances en la escuela superior, igual que en la universidad, y la última mujer con la cual estuve fue mi novia durante mi tercer año universitario.

Ahora, como mencioné anteriormente, siempre sentí interés hacia los hombres. Sin embargo, crecí en un ambiente religioso y una cultura prejuiciada que solo aceptaba la pareja convencional de hombre y mujer. Cada vez que encontraba un hombre que me atraía sexualmente, sentía vergüenza y miedo. Tenía temor por lo que la gente pensaría de mí, por la opinión de mi madre, por causarle dolor a ella y por el trato que recibiría en mi familia. Vergüenza, porque muy dentro de mí yo creía que lo que me decían era verdad, que ser homosexual no era «de Dios» sino una cosa «del diablo».

Cuando tenía siete u ocho años, disfrutaba visitar a una vecina con mi mamá. No iba a ver a la vecina, sino al hijo mayor de la vecina, quien era guapo y musculoso, y me abrazaba con ternura. Algunas personas podrían pensar que mi amor por las artes, particularmente el baile, era una indicación de mi homosexualidad, y yo mismo lo pensé por un tiempo. Sin embargo, además de las artes, también participé en baloncesto, karate, béisbol y mi deporte favorito, el voleibol.

Al reflexionar sobre lo que sucedió después, ya que disfruté de mis encuentros sexuales con mujeres, se podría decir que era bisexual. Sin embargo, con el tiempo y la madurez, descubrí que el amor apasionado que comencé a sentir por un hombre no se comparaba a mis experiencias con mujeres. Por lo tanto, dentro de mí estaba fuera del clóset desde joven, ya que sabía y era muy consciente de que mis deseos románticos y sexuales definitivamente incluían a los hombres. Lo confirmé cuando fui adulto.

En la Universidad de Miami (UM) experimenté un gran crecimiento personal. Además de ser mi fuente educativa, UM se convirtió en mi escape de la vida que dejé atrás en Lawrence, Massachusetts. Si bien pasé un año completo en Ithaca, Nueva York, no fue hasta que llegué a UM que finalmente pude dejar ir el fantasma de mi padre desaparecido y confrontar mis creencias.

Mi lucha interna siempre fue poder aceptar y expresar libremente que soy homosexual. Como ya mencioné, siempre supe que tenía sentimientos de atracción por los hombres. Pero busqué muchas maneras de no tenerlos. Me engañaba pensando que podía convertirme en heterosexual. Por eso, mis primeros encuentros serios fueron con mujeres.

Sin embargo, una vez en la universidad, comencé a tener encuentros más profundos e intensos con hombres. La tentación sexual me consumía, pero los pensamientos negativos me abrumaban. Pensaba en la moralidad, en lo que dirían los demás, en que era algo malo y en cómo se lo explicaría a mi familia. Todos esos pensamientos me quitaban la paz. De hecho, si entraba a una iglesia me caía de rodillas, llorando desconsoladamente.

Es importante recalcar que crecí en la iglesia católica y mi familia es practicante de esa religión. Hasta el día de hoy, sigo siendo un fiel creyente de Dios. Cada vez que tenía un encuentro sexual con otro hombre, era una experiencia agridulce. El proceso de conocerse, de descubrir que la atracción era mutua, de pasar de las caricias y besos a la cama era emocionante, especial y excitante, en fin, una maravilla. Pero, tan pronto terminaba todo, inmediatamente me sentía avergonzado, arrepentido y no podía creer lo que había hecho.

En este proceso, al que llamaré «entre el deseo y el remordimiento», dos factores importantes marcaron el antes y el después. El primer factor fue la terapia sicológica a la que asistí con el dinero que mi mamá y hermanos me enviaban para los gastos universitarios. El segundo fue formar parte de la fraternidad Lambda Theta Phi.

Busqué terapia y me uní a una fraternidad con la intención de «curarme» de mi homosexualidad. En la fraternidad, traté de ser un *macho man* y estar con chicas. La realidad fue que me puse más gay que nunca, y en vez de estar con las chicas descubrí la libertad de relacionarme con otros chicos en el campus universitario. No resolví mi crisis existencial, pero la pasé de lo lindo.

A pesar de esto, nunca les dije a mis hermanos de la fraternidad que era homosexual, porque todavía no lo había aceptado. Asistir a terapia fue útil porque me ayudó a comprender mi sexualidad y aceptarla. Mi terapeuta me guió cuidadosamente hasta que finalmente comprendí que mi orientación sexual es una parte intrínseca de mí mismo. Acepté que ser homosexual no es algo que pueda curarse con una píldora o un remedio, y que dejar de ser homosexual significaría dejar de ser quien soy.

No puedo decir que llegar a ese entendimiento fue un momento de paz, donde escuché un coro de ángeles y una luz hermosa se coló por la ventana. Al contrario. Aceptarme como homosexual me llevó a confrontar una realidad que en ese momento para mí era desastrosa. No solo mi religión rechazaba esa orientación sexual, sino que no tenía idea de cómo reaccionaría mi familia si se enterara. Además, por lo menos en la televisión hispana, ser abiertamente gay era un puente directo al fracaso. Hasta el día de hoy ese tema se maneja como un tabú.

En medio de ese torbellino de emociones, llegó el final de mi carrera universitaria. Mi graduación fue un logro que compartí con las personas especiales en mi vida. Fue un momento de mucha alegría, porque me reuní con mi familia y con las personas que más influenciaron mi vida hasta ese momento. Allí estaban mi madre, mis hermanos y el Dr. Edward Reynoso, quien vino desde Lawrence para celebrar con nosotros ese triunfo. ¿Mi papá? Hasta hoy no sé qué estaba haciendo en ese momento, pero no estaba allí.

Graduación de la Universidad de Miami

LA GRAN MANZANA

En mayo de 2007 me gradué de la Universidad de Miami, y para agosto de ese mismo año había empacado todo lo que tenía para emprender la gran aventura de mudarme a Nueva York. Esto se debió a que no tenía trabajo fijo en ningún medio de comunicación en ese momento. Además, siempre pensé que Nueva York ofrecía mejores oportunidades para mi futuro. Sentía que me faltaba mucho por crecer, tanto a nivel profesional como personal. Me picaba la curiosidad por vivir en la ciudad que nunca duerme y respirar aires nuevos. Por eso, solicité tomar unos cursos en un programa académico de administración pública en la ciudad de los rascacielos, y fui aceptado.

Si Miami me impactó debido a las similitudes con mi cultura y raíces, Nueva York me sorprendió por lo desconocido. Es un mundo completamente diferente a todo lo que había experimentado antes. En esa ciudad la actividad nunca se detiene. Todos caminan a paso acelerado, como si tuvieran prisa por llegar a su destino. Nadie te mira directamente a los ojos. Es una ciudad repleta de gente, pero donde todos parecen estar solos. Los idiomas que se escuchan en las calles no son uno ni dos, sino cientos. Los colores y olores crean un caleidoscopio que refleja la diversidad cultural y social de la gran ciudad. Cuando llegué a esta jungla urbana, solo tenía veintiún años y quinientos dólares en el bolsillo.

Afortunadamente, mi familia materna llevaba muchos años viviendo allí y me recibieron con los brazos abiertos. Siempre estaré agradecido por esa bienvenida, porque calmó mis miedos y recelos en un entorno tan diferente. Durante un tiempo, viví en la casa de mis abuelos en el Bronx, uno de los cinco condados de la ciudad. Fue una experiencia gratificante poder conectarme con ellos nuevamente.

Aunque en el frente familiar esa mudanza fue un triunfo, mi carrera se estancó. No conocía a nadie en la ciudad ni tenía contactos en la industria televisiva. Al empezar mis estudios, mi única experiencia en la televisión era viendo programas dominicanos con mis abuelos, algunos de los cuales se producían y grababan en Nueva York. Empecé a contactar a esos programas y a pedir citas para presentarme. Poco a poco, empecé a tener progreso. Al principio, tuve que trabajar gratis a cambio de exposición en los medios. También surgieron oportunidades donde tenía que conseguir patrocinadores para poder participar. Durante ese tiempo, me mudé a un apartamento donde compartía la renta (no el dormitorio) con un amigo. Después de trabajar frente a las cámaras por un tiempo, comencé a recibir ofertas de trabajo remunerado. Sin embargo, lo que me pagaban no era suficiente para cubrir los gastos de alquiler.

Tuve que trabajar en varias áreas simultáneamente para sobrevivir mientras mantenía mi presencia en la televisión. Realicé diversos proyectos en programas independientes de cable, fui gerente de mercadeo, gerente de desarrollo de negocios para una empresa de tutorías y fui portavoz e imagen de una universidad técnica, entre otros. De hecho, mi currículo es bastante extenso. Pude sobrevivir porque soy un vendedor natural, y vendía mis servicios a cualquiera que me ofreciera un sueldo. Como decimos los dominicanos, «me la joseo» (*I am a hustler*, soy un fajón y me las busco).

Bien dice nuestro dicho, que «Nueva York es Nueva York y lo demás es monte y culebra». Me mudé a esa ciudad con la intención de vivir mi vida al máximo y crecer profesionalmente. Pero lo más importante para mí era disfrutar de mi verdadera identidad y sentirme libre como el viento.

Los proyectos de televisión fueron tan variados como los trabajos que hacía para poder comer. Presenté un programa nocturno llamado Latin Show y más tarde produje y presenté mi propio programa llamado Edición Especial en el canal Cosmovisión para Latinoamérica. Continué buscando exposición hasta que finalmente conseguí trabajo en la compañía Spanish Broadcasting System (SBS). Ahí comenzaron a cambiar las cosas y mejoró mi suerte.

Pero claro, no todo es tan bonito como se ve a través de la magia de una pantalla. Mi rol principal dentro de SBS era como corresponsal de entretenimiento para MegaTV. SBS es dueña de las cadenas radiales más importantes de Estados Unidos, como Mega.97.9 FM y Amor 93.1 FM en Nueva York. Me dieron la oportunidad de estar en el show de las mañanas de una de estas emisoras. ¡Qué emoción! Pero claro, no tenían presupuesto, y el salario de la televisión tenía que cubrir el de la radio. A esto tenemos que sumarle que mi día comenzaba en el tren #4 desde el Bronx, a las tres de la mañana, para estar en la emisora a las 5:00 am. El programa de televisión salía al aire a las 7:00 de la noche, y luego me tocaba cubrir las alfombras rojas y los eventos. En otras palabras, yo no dormía.

A medida que conseguía trabajos pagos, me mudé a un apartamento solo. Era pequeño, y apenas tenía espacio para una cama de dos plazas y un armario con cuatro gavetas en la habitación. En la sala había un sofá-cama para las visitas, una mesa con el televisor, una lámpara y un espejo. La cocina era pequeña. Pero ese era mi hogar. Vivía en el sector de la «pequeña Italia» en el Bronx y pagaba $900 al mes por él.

Vivir solo me permitió tomar mis propias decisiones. Podía invitar a quien quisiera a mi apartamento, y era dueño de mi tiempo sin tener que dar explicaciones a nadie. Finalmente, pude experimentar la libertad que estaba buscando desde que llegué a Nueva York.

Me enamoraba de un chico distinto todas las semanas. Hoy quería tener un novio latino, mañana buscaba otro que tuviera el pelo rojo. Fueron momentos de exploración, de experimentación, de permitirme ser. Nunca recurrí a las drogas ni al alcohol. Supongo que mis experiencias con mi papá tuvieron mucho que ver con eso. Pero tampoco lo necesitaba. Estaba viviendo una vida loca a tal punto que la canción de Ricky Martin se quedaba corta.

Mi primer año en aquel apartamento lo pasé de fiesta en fiesta, de discoteca en discoteca. Mis amigos estaban en lo mismo y nos encontrábamos por la noche en los clubes. Paulatinamente, me di cuenta de que mis prioridades estaban cambiando y que esas amistades no necesariamente se alineaban con lo que estaba buscando en la vida. Mis metas y objetivos de carrera crecían al mismo ritmo que mi descontento. No estaba llegando a donde quería.

Nueva York es una ciudad especial, pero puede ser un arma de doble filo. En ella se encuentran todas las oportunidades, lo que puede llevar al desenfreno y a perder el control. Los que sobreviven a esta jungla urbana son aquellos que saben desarrollar un equilibrio entre el disfrute y las responsabilidades de la vida. Continuar con ese ritmo de vida nocturna y fiesta eterna era tentador, pero yo luché mucho para llegar a donde estaba en mi carrera, y no iba a desperdiciar todo ese esfuerzo.

Cuando empecé a decir que no iba a ciertas actividades o salidas, mi círculo de amistades se redujo. Muchos se alejaron y dejaron de ser mis amigos. Perdimos contacto, y no se los reclamo. La realidad es que nuestros caminos se cruzaron cuando tenían que cruzarse, y luego simplemente se dividieron y cada uno siguió su camino. Fue una transición pacífica y bienvenida. No me arrepiento en absoluto de todas las experiencias que tuve durante ese tiempo. Fueron momentos para conocerme a mí mismo, para darme permiso para explorar mis emociones. Al final del camino, nadie me quita lo bailado.

En este momento de mi vida ya sabía quién era y lo que quería hacer, pero no estaba preparado para revelarle al mundo que era homosexual. Esa parte de mí continuó siendo íntima y privada, porque mi familia todavía no sabía nada y, además, tenía miedo de sufrir repercusiones en la industria de la televisión.

ENFRENTANDO REALIDADES

En 2009, cuando estaba logrando equilibrar mi vida personal y mis planes de carrera, recibí una carta de mi padre. La carta era breve y después de darme su bendición, me dijo lo orgulloso que estaba de mí, del adulto en el que me estaba convirtiendo. Lo interesante, además de que esta comunicación salió de la nada después de muchos años, es que en el siguiente párrafo escribió que lo que yo hacía con mi vida personal era asunto mío siempre y cuando no dañara mi reputación.

Inmediatamente busqué papel y bolígrafo para responder, porque eso último me dejó confundido y un poco molesto. ¿Después de tanto tiempo aparece para decirme cómo vivir mi vida? Además, ¿a qué se refería? Él no hablaba conmigo desde antes de mi graduación de la escuela secundaria. No puedo decir exactamente lo que escribí, pero era algo así como: «Papi, no sé de qué está hablando. No estoy haciendo nada malo. No uso alcohol ni drogas, ni estoy en malas compañías».

Mi carta fue más extensa que eso. Escribí con todo el dolor y la rabia que tenía dentro. Tenía demasiadas preguntas, así que elegí las más importantes. Al copiar su dirección en el sobre, me di cuenta de dónde venía la carta. Mi padre estaba en la cárcel. No solo eso, sino que esa cárcel estaba en el estado de Nueva Jersey, a menos de una hora de donde yo vivía.

Así comenzó un intercambio de cartas que me dejó con más preguntas que respuestas, pero descubrí un dato importante. En otra de sus cartas, me dijo de manera más directa y clara: «con quién te acuestas es tu decisión, es tu vida y no la de las demás personas». Ahí entendí que él conocía mi realidad, que sabía que yo era gay. No se enteró por mis hermanos, eso lo tengo muy claro. Quizás siempre lo supo. Esa es otra de las preguntas para las que no tengo respuesta.

A partir de ese momento, mi madre y yo comenzamos a visitarlo en la cárcel, a petición de ella. Después de tantos años, ella todavía sentía que teníamos un deber como familia de atender y respetar a mi papá. Mi lugar como hijo no es juzgarla, sino apoyarla, así que íbamos juntos a las visitas familiares.

La primera vez que lo vi en la cárcel fue impresionante, un momento que llevo grabado en mi mente. Verlo vestido con el uniforme de presidiario, detrás de un cristal, me impactó. No quedaba nada de aquel hombre orgulloso en traje y corbata que recordaba, de aquel padre al cual le creía todo y por el que veía luces cuando era niño.

Pasé de la sorpresa al enojo en menos de dos segundos. Temblaba de rabia y sentía una incómoda presión en el estómago, tanto que pensé que iba a vomitar. Ahí estaba ese hombre que nos había hecho sufrir tanto, hablando con mi madre como si nada hubiera pasado. Yo era incapaz de hablar. Llegó un momento en el que no podía ni mirarlo. Pasó mucho tiempo antes de que volviera a verlo.

Escribir esto es muy difícil. Nadie sabe cuánto. Plasmar estas experiencias dolorosas en papel las hace reales. Ya no puedo pensar que puedo olvidarlas si me molestan. No hay marcha atrás. Las estoy escribiendo para siempre. Me obligo a hacerlo, porque creo firmemente que escribir es mi terapia de sanación. Espero soltar todo el resentimiento y la amargura y llegar al perdón.

Eventualmente regresé a visitarlo, siempre con mi mamá. Logré hablar con él con cordialidad y respeto, aunque nunca volví a sentir el amor que le tenía cuando era mi padre real. Ahora era mi padre biológico, el que está en mi acta de nacimiento.

Durante todo ese proceso, me mantuve trabajando para Univision. Poco a poco fui escalando peldaños, logrando que me ofrecieran mejores oportunidades frente a las cámaras y aumentando mi número de seguidores en el mercado hispano.

Un buen día, nos enteramos de que mi papá fue deportado a la República Dominicana. Ya no había manera de verlo. La comunicación con él fue más esporádica luego de eso. Si soy sincero, fue un alivio. Cada visita era una experiencia difícil tanto para mi mamá como para mí. Ahora estaba de regreso en su patria, siempre con las promesas de reforma y mejoría de su parte, pero yo ya no le creía.

En el año 2013, por motivos de trabajo, viajé a la República para participar en un desfile de modas. El evento era una recaudación de fondos para una organización que aboga por los derechos de los niños y varias celebridades, incluyéndome a mí, fuimos invitados a cooperar. Digo incluyéndome a mí porque me invitaron, no porque me creo «celebridad». Si algún día lo fuera, puedo decirles con todo mi corazón que la fama no me llena ni es lo que me motiva para hacer el trabajo que hago. Soy una persona pública para muchos, pero el ser famoso no me quita el sueño ni es lo que busco.

Mi padre consiguió trabajo en un restaurante de la capital y, gracias a un amigo que vive en Santo Domingo, pude visitarlo allí. Nos sentamos juntos en una mesa y conversamos por un rato. No sentí nada. Vi a mi papá por primera vez desde que lo visité en la cárcel, y no sentí nada. Fue hasta interesante, lo indiferente y distante que me sentí en aquel momento. Por un instante pensé que había superado mi crisis con la figura paterna, pero no fue así. Tan pronto nos fuimos del restaurante y me senté en el carro de mi amigo, rompí a llorar como un niño. Era igual a como lloraba cuando tenía catorce años y me encerraba en los salones de la escuela de baile.

Allí no tenía nada que buscar. Con ese llanto, lo solté.

SÍ, SOY GAY, PERO NO PARA TODO EL MUNDO

A principios del año 2013, estaba saliendo con un chico que me gustaba y con quien esperaba tener una relación seria. Disfrutaba de momentos agradables con él, pero al llegar a casa y quedarme solo, anhelaba compartirlos con mi familia, especialmente mis hermanos. Nadie de mi familia cercana sabía quién yo era en realidad. Edwin y Franklin son muy importantes para mí y tenemos una relación cercana. Sentía la necesidad de compartir con ellos lo que estaba pasando y lo que estaba sintiendo. Quería que fueran parte de mi historia de amor en la adultez.

Sentía tristeza y depresión al no poder hablar con mis hermanos sobre mi homosexualidad. No llegué a un punto crítico de depresión, pero la depresión rondaba en mi casa cuando regresaba de alguna salida o al despedirme de aquel chico. El vacío que sentía era muy similar al de mis años universitarios. Aunque eran situaciones diferentes, el detalle en común era no ser, o no sentirme totalmente libre para ser, quien yo era en realidad.

El día de San Valentín de ese año fue particularmente difícil, anhelaba a mis hermanos y quería confesarles mi realidad. Sentía un vacío y un nudo en la garganta que me ahogaba. Paradójicamente, estar en una relación me llevó a sentirme solo, como si no pudiera ser yo mismo con mis seres queridos.

Tres días después, estaba desesperado, como alguien que intenta nadar, pero se ahoga. Estaba asfixiado. No podía dormir, pensaba que mis hermanos debían conocer la verdad sobre su hermano menor si ellos eran mis confidentes. A la medianoche, me senté a escribirles un correo electrónico. Al principio, no sabía qué decirles, pero una vez que comencé a escribir, no pude detenerme y expresé todo lo que sentía en el teclado de mi computadora. Antes de perder el coraje, presioné el botón de enviar.

Sent: Sunday, February 17, 2013, 12:30:58 PM EST
Subject: Favor leer

Hola,

Franklin y Edwin, primero les digo que los quiero con todo mi corazón, y tal vez esta es la manera más cobarde de hablarles de mi situación. Pero, la realidad es que no aguanto más y creo que si ustedes son mis hermanos, serán mis hermanos como sea. De todas formas, no puedo seguir con esto en mi pecho porque sinceramente siento que quiero explotar. Quiero hablarles de cómo me siento. A veces no puedo ser honesto con ustedes. Pero bueno, Edwin, una vez te dije que quería hablar contigo en persona, y no se ha dado la situación. Pues, de esto es que quería hablarte.

Sinceramente esto no tiene mucha explicación, ni detalles. Anoche, cuando te escribí, Franklin, fue porque quería escuchar tu voz, ya que estaba muy triste. Una vez te llamé desde la universidad llorando y te dije que no tenía dinero. Pero esa noche creía que el mundo se me caía encima y estaba pensando en hacer algo muy feo. Gracias a Dios y a la ayuda de muchas personas estoy bien. Entré a mi fraternidad creyendo que eso cambiaría «mi forma de ser», porque estando allí tendría todas las mujeres, etc. Pero en realidad eso lo que hizo fue ayudarme a comprender quién soy. Les pido que en estos momentos no me cuestionen ni asuman nada, con el tiempo creo podremos abundar más sobre la situación. Solo les pido que si quieren ser mis hermanos, lo sean sin prejuicios, porque yo no he cambiado y seguiré siendo el mismo Eliecer que he sido en estos 26 años. La situación es que por más que trate de ocultarlo, buscar «ayuda médica» o de otros recursos, Dios me hizo o nací siendo gay, homosexual o como quieran llamarle. Siempre lo he sabido. Aunque he estado con varias mujeres, siempre supe lo que soy. Perdónenme por decirles, y me muero del dolor y a lo mejor de la vergüenza que a lo mejor sentirán por mí, pero yo gracias a Dios no tengo vergüenza de mí mismo. Detrás de la preferencia u orientación sexual con la cual vine a este mundo, soy un gran ser humano. Por favor, ahora mismo no quiero hablar mucho del caso, porque no me siento en la mejor condición. Solo quiero que sepan que los quiero y que estoy bien, pero que necesitaba decirles esto porque ya no puedo más. Y prefiero que ustedes dos lo sepan. Por ahora mami no lo sabe, yo no le he dicho, pero sé que su instinto de madre no le miente. Papi me lo escribió varios años atrás y me dijo que él sabía y que me apoya. Hemos hablado del tema por cartas. Yanil lo sabe desde hace muchos años, porque una vez necesitaba hablar con alguien y se lo dije. Ella no le ha dicho a nadie, ni siquiera a Yamilex. Por favor, por ahora quiero que esto se quede entre nosotros. Perdón si esto les causa algún daño y, si no quieren ser mis hermanos, pues lo entiendo. Yo estaré aquí y siempre seré el mismo Eliecer que conocen.

Inmediatamente entré en pánico. Sentí que mi corazón se rompía en mil pedazos. ¿Qué había hecho? ¿Por qué lo hice? Aunque estaba listo para que mis hermanos se enteraran, el miedo me consumía. No sé cuántas veces quise retroceder el tiempo y detener ese correo. ¿Dejarían de quererme? ¿Le contarían a mamá? ¿Qué pensarían de mí? No hace falta decir que esa noche no dormí nada. Pensaba que había cometido un error y que mis hermanos no volverían a hablarme nunca. Una de mis preocupaciones era la reacción de Edwin. Siempre ha sido un hombre firme, recto, de los que les gusta la milicia. Siempre sigue la ley al pie de la letra. Detrás de ese policía hay un hombre con un corazón noble. Pero, en ese momento, no sabía en qué lado de sus principios y valores iba a caer yo. Franklin es un hombre de negocios. Es el mayor de los tres y tiene una conexión muy especial con Dios. Honestamente, no tenía idea de cómo ambos iban a reaccionar.

A la mañana siguiente, Franklin me llamó y aunque pensé en no contestar, mi curiosidad y esperanza me llevaron a hacerlo. Al oír su voz, rompí en llanto, él me dijo que ya sabía lo que decía el correo sin leerlo. Su tono de voz era cálido y amable cuando me dijo que estaba conduciendo y que iba a estacionarse para hablar conmigo. Me expresó que estaba orgulloso de mí por tener la confianza de decirle que era gay y que había visto cómo otros jóvenes se suicidaban por no poder cargar con ese peso. Me dijo mucho más, pero basta decir que sus palabras fueron un bálsamo para mi alma.

Después de terminar la llamada con Franklin, recibí otra llamada de mi celular, era Edwin. Aunque menos expresivo que Franklin, fue igual de amoroso y me dijo: «tú siempre serás mi monito, y eso nada lo cambiará». Comencé a llorar de nuevo. Edwin solía llamarme «monito», porque cuando éramos pequeños siempre quería hacer lo que él hacía y cuando se iba a jugar con sus amigos, me pegaba a su espalda.

Ambos prometieron que no le dirían nada a nuestra madre. Definitivamente, yo no estaba preparado para eso en ese momento.

De izquierda a derecha, Franklin y Edwin (de pie) y yo (sentado)

ENCONTRÉ A MI *NERDY*

Después de trabajar en Mega TV de SBS, me trasladé a la cadena Fox. Ellos lanzaron un canal llamado Mundo Fox para la comunidad hispana, donde trabajé como corresponsal desde Nueva York durante más de un año. Un día, alguien influyente en el canal me recomendó hablar con ciertas personas, diciendo que había algo mejor en mi futuro.

Resultó que esas personas eran ejecutivos de la cadena Univision. Gracias a mi compañero en Fox, que reconoció mi talento y capacidad para crecer en la industria televisiva, me convertí en corresponsal de la ciudad de Nueva York para Univision. Al principio, no me ofrecieron la posición de manera directa, sino que empecé como profesional independiente bajo contrato. Probablemente querían evaluarme no solo como profesional, sino también frente a su audiencia.

Ese momento fue decisivo en mi carrera, ya que la audiencia reaccionó favorablemente a mis intervenciones y comencé a ganar popularidad. Poco a poco, me ofrecieron más oportunidades frente a las cámaras, lo que me permitió dedicarme completamente a lo que me gustaba sin tener que trabajar en múltiples empleos para sobrevivir, gracias a mi ingreso en Univision.

En 2014, trabajaba como corresponsal de Nueva York para los programas de Despierta América y Sal y Pimienta, y presentaba el segmento neoyorquino del programa juvenil Lánzate. Ese año, fui elegido como uno de los dominicanos más atractivos en la televisión, lo cual fue una sorpresa muy agradable. Me invitaron a la República Dominicana para grabar un especial con otras celebridades dominicanas. Me encontraba en mi mejor momento frente al público, aunque en privado la historia era diferente.

En aquel entonces, yo estaba involucrado en una relación que duró dos años llenos de problemas y tristeza. Teníamos ideas opuestas sobre lo que significaba estar en una relación. Él nunca mostró respeto por mi compromiso o mis sentimientos, tenía una mentalidad diferente, pero sabía cómo convencerme con palabras dulces y me vendía un mundo de fantasías que nunca se hicieron realidad. Mis amigos me advertían que vivía bajo su sombra y que hasta mi propio brillo y esencia desaparecían estando con él. Lo positivo es que descubrí lo que no quería en una relación.

Agradezco todo lo que sucedió y las tormentas que vivimos juntos, porque me enseñaron lo que no estaba dispuesto a soportar. Creo que fue lo que atrajo a Erick a mi vida, porque ya estaba listo para construir un futuro estable. De hecho, lo conocí poco después de decidir terminar mi relación anterior.

Un día, mientras daba un discurso motivacional para jóvenes, vi a Erick en la barra, bebiendo un vino tinto. Quiero hacer una pausa para explicarles que estoy tratando de no hacer ruido mientras escribo esta parte del libro. Erick está durmiendo a mi lado después de un largo día, y estoy seguro de que se reirá mucho cuando lea esto.

Pero volviendo al tema, me di cuenta de que él estaba allí y me estaba observando. Después de terminar mi discurso, me acerqué a la barra y descubrí que la compañía para la que Erick trabajaba era uno de los patrocinadores del evento. Hablamos un poco y noté que llevaba un anillo de casado, así que no estaba seguro si era heterosexual u homosexual. Intercambiamos números de teléfono, y para aclarar, no estaba casado. Solo usaba el anillo para parecer más maduro siempre que lo enviaban a eventos, porque era el más joven de todos en su trabajo.

Resulta que a Erick se le perdió su celular justo después de conocerme. Yo, como buen periodista que soy, encontré su perfil en las redes sociales al otro día. Parecería que el tipo me gustó desde el primer día, ¿no?

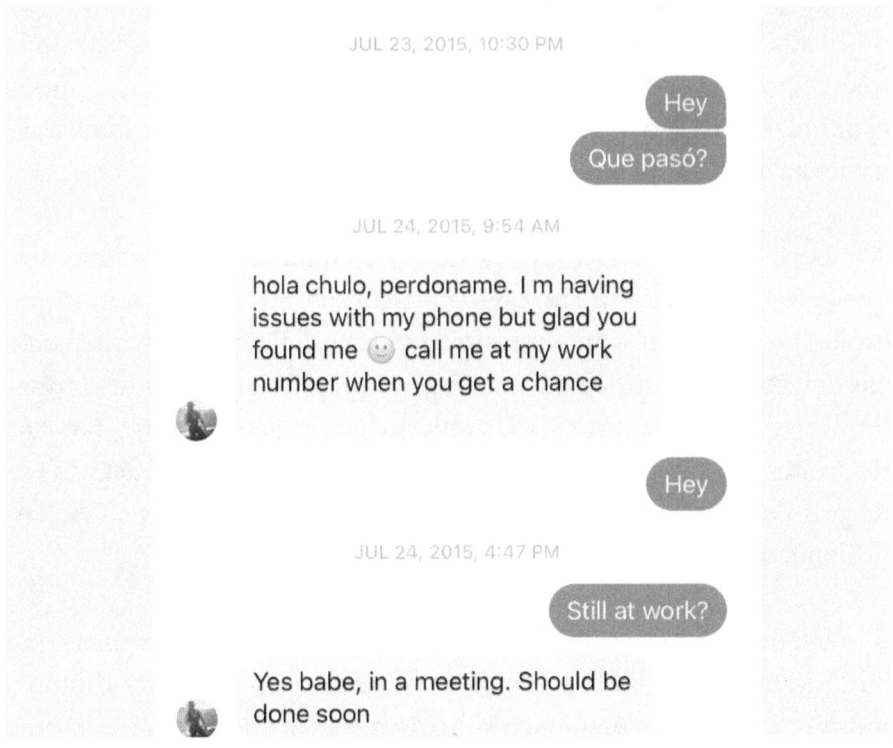

Primer intercambio de textos con Erick. ¡La insistencia dio resultados!

Honestamente, yo no me creí el cuento de que se le perdió el celular, pero luego de conocerlo me di cuenta de que era un problema real. Se le pierden o rompe todos sus celulares. Comenzamos a hablar y a conocernos. Un día, mientras iba como pasajero con una compañera de trabajo, que me llevaba a casa después del trabajo, le conté que había conocido a alguien y que quizás iba a cenar con él esa noche. Ella me pidió ver fotos de él. Cuando se las mostré en mi celular, ella estacionó el auto, me abrió la puerta y me dijo: «¡Sal del auto ahora mismo! ¡Vete! ¡Vas con él ahora mismo!». Yo la obedecí.

Erick me flechó con su mirada, esos ojos verdes tan encantadores me cautivaron, y me enamoró por su trato. Siempre me ha dado lo mejor de sí mismo y desde el primer momento me hizo sentir en paz y tranquilo. Con él siento que todo estará bien siempre. Un detalle que me encantó fue que él no sabía quién era yo ni a qué me dedicaba. No le interesaba mi vida profesional ni el mundo de la televisión, y mucho menos el mundo hispano. Hablaba muy poco español. Conmigo aprendió el 90% de lo que sabe ahora (aunque nunca lo admitirá).

Poco a poco me di cuenta de que él dominaba mis pensamientos, que lo extrañaba cuando no estábamos juntos. Yo creo que acepté que estaba perdidamente enamorado cuando me di cuenta de que hasta sus defectos me parecían adorables, como el problema de que siempre pierde su celular, o que deja todo abierto (gavetas, recipientes, botellas de aceite, lo que sea). Es como si su cerebro estuviera trabajando tan de prisa todo el tiempo, que lo que le queda es el despiste. Erick es brillante. De cariño, le digo que es mi *nerdy*.

Un día, sentados en la fuente del parque central, le confesé que aunque trabajaba en la televisión mi salario no era nada del otro mundo. Le dije que él ganaba muchísimo más que yo. Sus palabras fueron perfectas para una escena de una película romántica. Él dijo:

«Me estoy enamorando de ti por la manera en que me siento contigo, no por el Eliecer que sale en la televisión o por un cheque, así sea poco o mucho dinero». Por poco me caigo dentro de la fuente de la emoción.

No había tiempo que perder. Yo estaba decidido a comenzar una nueva vida con mi *nerdy*. Sin embargo, él no estaba cooperando. En primer lugar, vivía en Nueva Jersey, a una hora y media de mi casa. En segundo lugar, nuestras salidas eran platónicas y castas. Durante casi tres meses, salíamos a cenar y, al regresar a mi casa, me despedía en la puerta. Era el momento de tomar el control, así que en una de nuestras salidas, le dije que si realmente quería algo serio conmigo, tendríamos que mudarnos juntos en los próximos tres meses. Pueden decir que fui muy directo. Pues sí, estaba muy decido a formalizar mi relación y comenzar un nuevo capítulo en mi vida. Pero me salió listo el Erick. Me dijo, «no voy a firmar ese contrato sin saber que somos compatibles en todo». Y así fue. Nuestra siguiente salida no fue tan casta, y nos mudamos a un apartamento muy lindo y acogedor en Westchester, Nueva York. El postre estuvo muy bueno después de la cena de aquella noche.

Mi *nerdy* resultó ser más *nerd* de lo que yo pensaba. Yo, siendo un artista creativo, tiendo a dejar que las cosas fluyan de manera orgánica. En otras palabras, lo puedo dejar todo para el último momento y si algo no sale bien, le busco la vuelta. Erick es todo lo contrario. Él tiene sus hojas de cálculo para todo, lleva un presupuesto y controla todo al centavo. Si vamos a viajar, tiene un itinerario completo y todas las reservaciones impresas, «por si se pierde el celular o no hay señal». A pesar de ser polos opuestos, nos complementamos perfectamente.

Cuando nos mudamos juntos, Erick trajo a su perro Maltese, Bruno, al que crió desde recién nacido. Me encantó Bruno, pero Erick se dio cuenta de que si íbamos a tener mascotas, debíamos tener una que comenzara desde cero con ambos en su vida. Fue así como llegó con Príncipe, un Shih-Tzu que nos enamoró a los dos y que vive como su nombre lo dice, como todo un príncipe.

En general, estaba en la quinta nube. Estaba donde quería estar, viendo mis metas realizarse una a una. Mi carrera estaba en ascenso, y mi vida personal era estable. Todo parecía perfecto, excepto por un detalle. Todavía no había hablado con mi madre sobre mi sexualidad y mucho menos le dije que estaba en una relación seria, viviendo con mi novio.

MAMI, SOY GAY

En octubre de 2015, nos mudamos a nuestro primer apartamento y en diciembre estábamos muy emocionados por tener la fiesta familiar de Navidad en nuestra casa. Planificamos la actividad cuidadosamente, deseando que todo fuera perfecto, ya que sabíamos que era un momento crucial. Mis hermanos sabían que iban a visitar nuestro apartamento, donde vivíamos mi pareja y yo, pero mi mamá no sabía nada.

Pensamos que sería una forma muy sutil de presentarle la realidad a mi mamá, así que la invitamos a nuestro apartamento de un solo cuarto, con una sola cama, donde vivíamos Erick y yo con nuestros dos perritos. Entendíamos que la situación era obvia por sí sola.

Llegó el día de la fiesta y todos disfrutamos mucho. Nadie hizo comentarios sobre nuestra relación, pero actuamos como una pareja en todo momento, compartiendo las tareas de anfitriones. Cuando llegó el momento de intercambiar regalos, Erick me pidió que lo acompañara al cuarto por un momento.

En el cuarto, Erick me presentó un anillo de promesa con una nota en la que me prometía darme lo mejor de sí y decía que esperaba convertir ese anillo en uno de compromiso. Por supuesto, me emocioné y acepté el anillo de inmediato. Lo siguiente que hice fue subir fotos de mi mano con el anillo a todas mis redes sociales.

Unos días después, entre Navidad y Año Nuevo, mi mamá me llamó y me contó que estaba viendo un programa de chismes. Dijeron que yo me iba a casar, pero no sabían si era con una mujer o un hombre. Mi mamá se rió, pero se escuchaba nerviosa. Así que armado de valor, le contesté con cariño: «Mami, ¿no te has dado cuenta? Nos visitaste en nuestro apartamento, sabes que Erick y yo vivimos juntos. Erick es mi pareja. Antes de Erick, ¿recuerdas a fulanito? Fulanito era mi pareja en ese entonces...». Fui contándole poco a poco mi historia y las relaciones que ella conocía, aunque ella pensara que eran solo amigos. Después de un silencio largo, me dijo: «Te voy a hacer dos preguntas. ¿Vas a ser como las personas que veo en el show de Cristina, que usan pelucas y tacones? Y otra cosa, ¿me darás nietos?».

No sabía si reír o llorar. Con calma, le expliqué: «Mami, la persona que criaste, el hombre que he sido, es quien soy y seguiré siendo. No voy a cambiar porque no está en mí, no me interesa. Y sobre los nietos, no te preocupes, los tendrás de mi parte». Estaba muy nervioso esperando su respuesta, pero lo único que dijo fue: «Ah, okey».

Esa fue la gran revelación. No pasó nada. Me imagino que en ese momento ella tenía muchas preguntas, dudas, y que por su cabeza pasaron decenas de pensamientos. Con el tiempo, fuimos abordando todas esas inquietudes. El día de Año Nuevo, después de cubrir la despedida del año en Times Square, Erick y yo nos fuimos de vacaciones a Bermuda. Mientras estábamos allí, Erick y mi mamá se hablaban y enviaban mensajes como si fueran los mejores amigos de toda la vida. Dicen que las madres, siempre saben. Quizás mi mamá ya lo sabía o lo presentía. Por eso mi «confesión» para ella no fue nada del otro mundo. Pero el yo decírselo me quitó un gran peso de encima. Sentía que poco a poco me iba desenmascarando lo más que podía.

REGRESO A MIAMI

Como podrán notar, mi relación con Erick fue un torbellino. Empezamos a salir en el verano, nos mudamos juntos en octubre, en diciembre le anunciamos a mi mamá que éramos pareja, y en enero ya estábamos en Bermuda. Para no perder la costumbre, en febrero nos mudamos a Miami, menos de cuatro meses después de conseguir nuestro apartamento en Nueva York.

Después de nuestra vacación en Bermuda, regresamos a lo que pensábamos que sería nuestra vida normal por un buen tiempo. Erick estaba contento en su trabajo y yo seguía creciendo en mi campo. El 14 de febrero de 2016, viajé a Miami para cubrir los premios Lo Nuestro. Era el día de San Valentín, nuestro primer San Valentín juntos, pero tenía que trabajar. Esa mañana lo dejé con el desayuno listo, unas flores y una tarjeta. Mi carrera es muy sacrificada. Nunca se sabe qué día festivo te tocará trabajar y estar en el estudio o en la calle grabando todo el día. He pasado muchas navidades, fin de años, días de madres, cumpleaños y otros en los que no he visto a nadie de mi familia porque estuve trabajando.

Quizás algunas personas se preguntan si soporto todas esas cosas por mi deseo de fama y fortuna. Les digo que la fama, si en algún momento me llamó la atención, me dejó de interesar mientras más me conocía, me aceptaba a mí mismo y entendía mi propósito de vida. Nunca ha sido mi motivación, y mucho menos la fortuna, ya que esa no se puede conseguir haciendo lo que hago. Trabajo en esto porque contar historias llena mi corazón. Lo que me apasiona son las historias humanas, de personas que hacen una diferencia en la vida de los demás, más que las noticias trágicas.

Así pues, ese Día de San Valentín yo estaba en Miami. Lo que ocurrió después fue una semana intensa, llena de ruedas de prensa, entrevistas a celebridades y reuniones de producción. Mientras estaba allí, mi jefe, Alex Rodríguez (QEPD), me pidió que fuera a su oficina. Tengo que hacer un paréntesis para enfatizar que son pocas las personas en esta industria que, en una posición de liderazgo y poder, poseen las cualidades que tenía Alex. Él era muy humano, transparente y si le demostrabas que querías lograr algo con tu talento y dedicación, él hacía todo lo posible por ayudarte a hacerlo realidad.

Cuando llegué a su oficina, me hizo algunas preguntas triviales sobre mi salud y la cobertura de los premios Lo Nuestro. Luego me pidió que escuchara una canción y me puso *Welcome to Miami*, de Will Smith. En ese momento, no le di mucha importancia y le dije que era pegadiza y tenía un buen ritmo. Ahí no pudo más y me dijo con su acento cubano, «Chico, pero, ¿tú no entiendes? ¡Que te vas a mudar para Miami!». En ese momento, el elenco y el equipo del programa Sal y Pimienta entraron por la puerta, con globos y confeti, para celebrar mi regreso a Miami.

Ese mismo día me enviaron a hacer una entrevista para el programa, y me anunciaron que la semana entrante tenía que viajar a Colombia para hacer otra. «Vas a Nueva York a empacar, y regresas de inmediato».

Lo único que pasó por mi mente fue, «¿cómo le explico a Erick que a los cuatro meses de vivir juntos en Nueva York, me mudan a Miami?».

Mientras iba en camino a la entrevista de ese día, llamé a Erick. No fue una conversación muy larga. Simplemente le dije que ese era mi sueño y una gran oportunidad. Siempre había querido trabajar desde el estudio y presentar desde allí, ya que para un periodista, eso es un gran paso de carrera. Dejas de ser solo un corresponsal y te conviertes en presentador. Además, la sede de Univision estaba en Miami, por lo que todo estaba alineado para mi futuro profesional. Solo faltaba alinear mi relación para que mi sueño estuviera completo.

El problema fue que Erick no reaccionó con el positivismo que yo esperaba. En realidad, fui un poco egoísta en la forma en que se lo anuncié. Le comuniqué que nos mudábamos a Miami en cuestión de semanas y que comenzara a preparar la mudanza. En mi mente, asumí que él respondería diciendo: «claro, mi amor», empacaría todas nuestras cosas y dejaría atrás su vida y su exitosa carrera para seguirme. Sin embargo (¡sorpresa!), eso no sucedió. Muy enojado, me reclamó: «¡Tú sabías que esto podía pasar! Parece que lo tenías planificado. ¡Te fuiste esperando que esto sucediera!». La discusión fue breve, ya que estaba llegando a mi destino para la entrevista, pero fue intensa. Lo peor de todo fue que no pudimos terminar de hablar.

Esa noche, ya más calmados, nos llamamos de nuevo. Yo estaba con dos colegas de Univision, con los cuales forjé una bonita amistad. La discusión no tuvo un buen resultado, y Erick terminó conmigo por teléfono. Cuando colgué esa llamada, mi mundo se vino abajo. No podía entender lo que estaba pasando. ¿Cómo que terminábamos? ¡Él era el amor de mi vida! ¿Tenía que escoger entre él o mi carrera? Mis dos compañeros me apoyaron mucho en ese momento, repetían que Erick iba a regresar y que no me preocupara. Con ellos tuve una agridulce celebración de mi nuevo puesto en Miami. Esa noche bebí alcohol, pues aunque por fuera estaba en celebración por ese gran peldaño en mi carrera, por dentro me estaba muriendo de miedo y tristeza por perder a mi pareja.

La mañana siguiente, Erick y yo volvimos a hablar. Esa conversación fluyó mucho mejor, y en un exabrupto totalmente inesperado, Erick me dijo, «¿Sabes qué? Si esto es lo que va a suceder, pues me voy contigo. Ya, resuelto. Me mudo contigo a Miami. Vámonos». Literalmente, nuestra relación se terminó durante unas horas nada más.

Yo viajé a Colombia la semana siguiente para hacer mi entrevista, y al regresar viajé directamente a Nueva York. Junto con Erick, empacamos todo lo que pudimos antes de mi regreso a Miami. Él se quedó en Nueva York para finalizar los arreglos de la mudanza y cerrar nuestro contrato de alquiler.

Se preguntarán cómo fue que Erick pudo hacer ese movimiento, ya que él tenía un muy buen trabajo como director de operaciones en un departamento importante del hospital de una universidad de prestigio. Pues, resulta que yo no era el único que pensaba que él es sumamente inteligente y talentoso en su campo. Su jefe básicamente le dijo que se fuera, porque sabía que Erick iba a regresar. Le dijo, «tú no eres Miami. Tú eres demasiado para Miami». Además, no le permitió desconectarse por completo del hospital universitario, y Erick continuó liderando proyectos de manera remota como contratista independiente.

En Miami, no pasó mucho tiempo antes de que conociera personas influyentes y desarrollara otros negocios. Esos negocios fueron tan exitosos que terminó asociándose con otros inversionistas y en poco tiempo, Erick logró posicionarse en un alto nivel dentro de su industria en el sur de la florida. Nuestra vida en Miami fue muy diferente a cuando era estudiante. Ahora éramos profesionales con una relación estable, lo que hizo algunas cosas más fáciles, pero también hubo altibajos espectaculares.

En el canal sabían que yo tenía pareja y que era un hombre, pero todo siempre se quedaba como algo interno de la empresa. Además, estaba en un punto de mi carrera donde no era «conveniente» salir del clóset, según algunos de los ejecutivos. Erick solía asistir a los eventos internos del canal, pero nunca aparecía oficialmente conmigo. Afortunadamente, esto no fue un problema porque a él no le gustaban los eventos públicos y evitaba toda la pompa y circunstancia. Solo recuerdo una vez que me acompañó a una ceremonia de premios y no duró más de diez minutos. Se despidió de mí diciendo: «Esto no es para mí. Se ve mucho mejor por televisión. Todo es falso».

Mientras tanto, mi carrera despegó y el programa, que ya era un éxito mucho antes de mi incorporación, continuó acaparando los mejores niveles de audiencia. Mi popularidad creció, así como también las actividades sociales. Me preguntaba cuándo podríamos hacer público que Erick era mi pareja. Para mi sorpresa, cuando hice la pregunta, descubrí que la estrategia de aquellos que me «asesoraban» y tenían el control de mi carrera no era ocultar mi orientación sexual temporalmente, sino que no fuera parte mi persona durante un tiempo indefinido, por lo menos públicamente. Además, «la brillante idea» que se les ocurrió fue que me convirtiera en un símbolo sexual.

En el programa Sal y Pimienta

Junto a mi gran colega y amigo, Carlos Calderón Abarca

SEX SYMBOL

Los ejecutivos del canal tenían la responsabilidad de guiar y asesorar a los talentos en sus carreras. Algunos de ellos pensaban que mi mejor estrategia era atraer a la audiencia femenina y crear una fantasía del «hombre inalcanzable». Me recomendaron subir fotos sensuales a mis redes sociales, insinuar que me gustan las mujeres y mantener mi relación con Erick en privado. También me aconsejaron cómo «venderme mejor y tener un look más comercial», alisando mi cabello y dándole más volumen con un secador de mano. Al parecer, tenía que caber en un molde especifico. En fin, llegué a sentir que mi talento no era suficiente y que ya no confiaba en mí mismo.

Cuando me enviaban a entrevistas fuera del país, muchos que «querían lo mejor para mí», me decían que aprovechara todas las conexiones posibles, con hombres o mujeres, pero que lo mantuviera todo en secreto. También me ofrecieron ayudarme a subir en mi carrera a cambio de favores sexuales, y que no dejara pasar la oportunidad. Pero yo no acepté ninguna de esas propuestas. Mi relación con Erick era muy estable y segura, y no la iba a dañar por terceros cuyas intenciones nunca fueron ayudarme.

Si algo me mantiene firme es que Erick siempre ha sido muy seguro de sí mismo. Eso me atrae mucho de él. Nunca se sintió amenazado por los enredos de la industria. Además, él es una persona muy privada y nunca quiso ser una figura pública de ningún tipo.

En 2017, fui seleccionado como uno de los «50 más bellos» de la revista People en español. Mi carrera estaba en ascenso. La cadena de televisión me enviaba a cubrir todo tipo de eventos. Iba a Puerto Rico para estar detrás de escena y entrevistar a Daddy Yankee. Luego saltaba a un concierto de Nicky Jam. Volaba a México para cubrir a Gloria Trevi y, en el mismo viaje, visitaba la casa de los Tigres del Norte. Mi mundo cambió y, en un momento dado, las luces y el glamour me confundieron.

En mi caso, aunque siempre mantuve los pies sobre la tierra, en varias ocasiones me dejé llevar por esos minutos de fama. Cuando caminaba por una alfombra roja o me entrevistaban para alguna revista u otro medio, a menudo me preguntaban por mi novia o por mi tipo de mujer. Aunque me moría de rabia por dentro, tenía que «jugar el juego» si eso era lo que demandaba mi carrera o vida pública, según aquellos que dirigían mi carrera hacia el «estrellato».

Erick y yo siempre hemos tenido una relación sólida y muy saludable. Con altas y bajas, pero desde que comenzó nuestro noviazgo nunca hemos imaginado un futuro sin uno o el otro. Claro está, atravesamos tiempos de turbulencias, y adaptaciones. Los primeros seis meses en Miami no fueron nada fácil. Los viajes de mi trabajo eran frecuentes. Mi vida era mi trabajo y ese mundo de fantasía. A Erick nunca le ha gustado ni interesado esta industria, y siempre se sintió fuera de lugar si íbamos a alguna actividad con otras personas del medio, porque las conversaciones siempre eran sobre nuestros trabajos y cosas de la televisión. Llegué a un punto en donde no le ponía la misma dedicación o tiempo a mi relación, porque la tomé por sentado.

Algo que, claro, tiene un impacto negativo en una pareja, y aún más para nosotros que básicamente todavía nos estábamos conociendo. Ni si quiera llevábamos un año juntos.

Afortunadamente, tuve un *wake-up call*, una llamada de alarma que me hizo ver que nos estábamos distanciando. Él tuvo éxito en su negocio luego de mudarnos a Miami, había formado nuevas amistades, y yo sentía que ya no era tan importante en su vida. Tuve que actuar y evaluar lo que era verdaderamente importante y prioritario para mí. Aunque no descuidé mi trabajo, decidí que mi vida personal y mi relación debían tener un papel más relevante. Con el tiempo y la experiencia, aprendí que hay ciertas cosas que no comprometeré por ninguna empresa o trabajo, tales como mi familia, mi hogar, mi paz y tranquilidad, mi felicidad y mi salud mental.

Entre los «50 más bellos» de la revista People en Español

SE ACABÓ LA SAL
Y YA NO HAY PIMIENTA

Parece que el universo tiene una conspiración para darme sorpresas de vez en cuando, y suele manifestarse en los días de San Valentín. Creo que los cambios son positivos, y es bueno alterar los puntos de vista para ver la vida desde ángulos nuevos. Pero en aquel entonces, un respiro entre esos golpes de los días de Cupido no habría venido nada mal.

Había pasado justo un año desde la noticia de nuestra mudanza forzosa, y ya estábamos encaminados con nuestras vidas y carreras en la ciudad del sol. Habíamos establecido los parámetros de nuestra relación y disfrutábamos de un balance muy placentero. En medio de esa utopía, el 10 de febrero de 2017, el canal nos convocó a una reunión de equipo. Resultó que cancelaron el programa Sal y Pimienta. Nos dijeron, muy tranquilos, que no se trataba de problemas de audiencia, ya que estábamos muy bien posicionados en los índices y además, el programa tenía todos los espacios publicitarios vendidos. Pero igual no nos dijeron por qué lo cancelaron. El próximo domingo grabaríamos el último programa unas horas más temprano, para tener la oportunidad de despedirnos al final.

Decir que todos quedamos en *shock* es poco. Nadie sabía qué decir. Para completar mi sufrimiento, yo no estaba presente en la oficina, sino que participé de la reunión por vía telefónica porque iba de camino a hacer una entrevista. Tuve que tragar hondo, aguantar todas esas emociones que querían salir gritando desde mi pecho, y hacer una entrevista para un programa que estaba cancelado. Cuando terminé la entrevista regresé al canal y, junto a mis compañeros, lloré como María Magdalena.

Esa cancelación del programa me estrujó la vida. Tan solo un año después de llegar a Miami, el programa que me pagaba mi sueldo se canceló. Sí, yo todavía hacía segmentos para otros programas de la cadena, como Despierta América, pero mi contratación era por Sal y Pimienta. Me encontraba en un limbo profesional, y en un abismo mental y emocional. Temía que mis sueños y metas llegaran a su fin antes de verlos realizados.

Caí en una depresión difícil de manejar. Me puse flaco, muy triste, no salía de mi casa, y si salía me sentía como un alma perdida, sin rumbo. A veces incluso iba a la oficina de Erick a llorar. Yo pensaba, ¿qué va a pasar conmigo? ¿Tendré trabajo? ¿Dónde? ¿Qué voy a hacer? O sea, yo no sabía nada y no veía cómo salir de ese hoyo negro. Durante todo ese tiempo, Erick fue mi roca, mi apoyo incondicional, mi paño de lágrimas y mi todo. Siempre se mantuvo positivo y no me permitió descuidarme. Aún lidiando con las responsabilidades de su trabajo, me cuidó, me protegió y me hizo sentir seguro en nuestra relación. Con su ayuda, logré salir de esa depresión crítica y pude estabilizarme lo suficiente como para hacer planes y mirar hacia el futuro.

Comencé a jugar vólibol los jueves, y a tomarme un café semanalmente con mi amiga Danella en Lincoln Road. Inventaba proyectos que no tenían pies ni cabeza, pero que me ayudaban a distraer mi mente. Nunca pensé que llegaría a un estado depresivo y mucho menos de tal magnitud, algo que ni siquiera me sucedió durante mis años universitarios y esos otros años donde sentía que no tenía escapatoria por mi batalla interna contra mi homosexualidad. La depresión no discrimina, no le importa tu orientación sexual o identidad de género, tu posición económica o profesión. Y puede llegar en cualquier momento. A lo mejor algo en particular se convierta en el detonante de que caigas en una depresión por cosas que ya venías acumulando desde antes, como fue en mi caso. Hago una pausa, para pedirte que si en cualquier momento sientes que necesitas ayuda de cualquier tipo, acudas a un profesional y háblalo con quien te sientas más cómodo. Pero no te quedes callado.

Si miro hacia atrás, debo agradecer aquel jamaqueón de Cupido que me tiró un flechazo con gran puntería. La cancelación de Sal y Pimienta resultó en dos cosas positivas en mi vida. La primera fue que maduré en el ámbito personal. Con la ayuda de Erick, superé esa depresión y comprendí que mi vida y felicidad no pueden depender de una empresa, un jefe, un título profesional o un trabajo. El proyecto más importante de tu vida es el tuyo como persona. Madurar a nivel personal también significó que mi relación con quien ahora es mi esposo se fortaleció.

El segundo aspecto positivo de esa cancelación me permitió dar un giro en mi carrera, lo que me llevó a alcanzar mi verdadero objetivo. Aunque Sal y Pimienta era un programa de entretenimiento, se manejaba desde una perspectiva periodística, enfocado en reportajes y entrevistas serias y de alto nivel. Después de la cancelación, continué haciendo reportajes para Despierta América. En una ocasión, mientras estaba en Washington, DC, cubriendo el mes de la herencia hispana, recibí una comunicación de Yuri Cordero, vicepresidenta y productora ejecutiva del programa Primer Impacto. La vicepresidenta ejecutiva y directora de Noticias Univision en ese entonces, Patsy Loris, quería reunirse conmigo.

Patsy me ofreció un puesto en el departamento de noticias durante esa reunión. Le estaré eternamente agradecido por esta oportunidad, ya que vio mis reportajes en Sal y Pimienta y notó que además de ser un buen periodista, tenía un talento innato para contar historias con un toque muy humano. De esta manera, hice la transición de hacer entrevistas a celebridades a hacer reportajes de noticias en sí. En febrero, estaba haciendo entrevistas para Sal y Pimienta, y para septiembre, ya era un periodista regular en los noticieros de Univision y Primer Impacto.

En Univision

AMOR EN PARÍS

Como podrán notar, el año 2017 fue difícil para Erick y para mí. Pudimos superar muchas dificultades, pero al final del año estábamos exhaustos. Decidimos tomarnos un tiempo para nosotros y celebramos el fin de año con un viaje a Europa. Miami es verano todo el tiempo, así que necesitábamos el frío y la nieve del cambio de temporada.

Nuestro viaje comenzó en Islandia, donde definitivamente sentimos el frío que buscábamos, incluso un poco más de lo que necesitábamos. De ahí fuimos a Copenhague, Dinamarca, luego viajamos a Ámsterdam y finalmente aterrizamos en París. El plan era pasar unos días allí antes de viajar a Barcelona, donde celebraríamos el fin de año.

Ese viaje en sí mismo era una aventura romántica, pero la ciudad de París es especial para los enamorados. París es un lugar apasionado y lleno de romanticismo en cada esquina. El río Sena, la Torre Eiffel y el barrio de Montmartre son lugares especiales que inspiran, como mínimo, un beso y un abrazo. Si tu pareja te besa en el puente Pont Neuf, vas a volver a la ciudad con ella. El puente Pont des Arts está lleno de candados colocados allí por parejas como símbolo de su amor eterno. ¡Hay hasta un templo del amor en la isla de Reuille, dentro de un parque!

Uno de los días de nuestra visita parisina, Erick me dijo: «Mañana tenemos un tour de esos que nos llevan a lugares icónicos de París. Vamos a acostarnos temprano para estar descansados y listos». Me estuvo raro ese comentario, porque éramos (¡somos!) jóvenes, con mucha energía y entusiasmo. Pero, como Erick es de mucho planificar, no lo pensé dos veces.

Al día siguiente, comenzamos el tour muy emocionados temprano por la mañana. Mientras visitábamos el museo del Louvre, la catedral de Notre Dame y otros sitios que mencioné anteriormente, un chico nos tomaba fotos por todas partes. Él nos seguía con su cámara, captando cada momento sin parar, y en una ocasión vi que hizo un gesto hacia Erick, como si le preguntara algo. Erick le dijo «no, gracias», y el chico se fue con cara de confusión. Terminamos la gira y yo no le presté mucha atención. En ese momento, tenía mucha hambre y le pedí a Erick que fuéramos al restaurante de la Torre Eiffel.

Mientras íbamos hacia la torre, conocimos a unas chicas de México que estaban viajando juntas. Erick y yo nos sacamos nuestras propias fotos allí. En un momento, él me pidió que me volteara para la cámara. Entonces, me di cuenta de que estaba de rodillas detrás de mí con una cajita abierta en sus manos, enseñándome un hermoso anillo de compromiso. Una de las chicas estaba grabando un video mientras todo esto sucedía a nuestro alrededor. En ese momento, no estaba muy seguro de lo que me había dicho, pero sonó como «¿quieres casarte conmigo?» Me quedé inmóvil, sin hablar ni moverme. Erick les dijo a las chicas que nos grababan: «¡quiero casarme con él!». En el video, se escuchan las chicas gritando: «¡sí, sí, dile que sí!».

¿Y cómo reaccionó Eliecer en el momento más importante y romántico de su vida? Se puso a dar vueltas como una gallina sin cabeza. Sí, mis queridos lectores. Debido a los nervios, me convertí en un trompo. Aquél pobre hombre estaba allí, de rodillas, y yo simplemente daba vueltas y vueltas sin decir nada. Las chicas mejicanas estaban a lágrima viva y continuaban gritando, «¡sí, sí, di que sí!». Y por supuesto, todo esto está plasmado en un video para la posteridad. Cada vez que lo veo me río a carcajadas. De más está decir que cuando finalmente dejé de dar vueltas, le dije un rotundo, «¡sí!».

Después, ya en el restaurante, me explicó que los organizadores de la gira sabían de sus planes, y por eso el chico estaba tomando fotos en todos lados. El plan original era que él me propondría matrimonio en uno de esos lugares que visitamos. Pero, según él, ninguno se sintió como el lugar correcto, ninguno lo inspiró como cuando nos vimos frente a la Torre Eiffel, sin el guía turístico, solo él y yo entre la multitud. Esa multitud dejó de existir por un instante, y toda la torre y sus alrededores fueron solamente para nosotros. Y por supuesto, esas chicas que también fueron testigos de esta parte tan importante de nuestra historia de amor.

Una vez en el hotel, envié mensajes con la noticia de la boda a todas mis amistades cercanas y a mi familia. No teníamos la fecha exacta. Todavía no había anunciado públicamente que era gay, pero decidí subir unas fotos a mis redes sociales, una con mi mano enseñando el anillo y otra de los dos, mirándonos fijamente a los ojos. Creo que a buen entendedor, pocas palabras bastan. Pero mientras las cosas no se dicen, pesan. Yo todavía sentía varios bloques de cemento sobre mi espalda. Esa oportunidad de desahogo total todavía no se había dado. Algo me seguía encadenando y no me permitía esa liberación completa que busqué por tantos años.

Después, cuando todo estaba más tranquilo, decidimos que nuestra boda sería el 25 de mayo del 2019 en Las Terrenas, República Dominicana. Teníamos un año y medio para planificar todo. Yo sabía que tenía que decir abiertamente al mundo quién era yo, sin mentiras, sin ocultar nada, simplemente siendo yo mismo. Sabía que estaría listo para gritarlo a los cuatro vientos cuando llegara el momento. Nos despedimos del 2017 llenos de amor, entusiasmo y alegría. De París, nos fuimos a España para recibir el 2018, un año lleno de cosas que hacer para nuestra boda y de ilusiones y metas. Escribo estas líneas precisamente dos días después de nuestro tercer aniversario, y todavía siento las mismas mariposas en el estómago que cuando lo vi arrodillado frente a mí en la Torre Eiffel.

Las fotos del compromiso más romántico del mundo

Las fotos del compromiso más romántico del mundo

EL CÁNCER TOCÓ A MI PUERTA

El año 2018 empezó con mucha ilusión y entusiasmo, emocionados con la idea de planificar nuestra boda. Mi trabajo iba muy bien y nuestra relación cada día era mejor. Sin embargo, llegó otro golpe. Llegó tarde ese año, en abril y no en febrero. Mi mamá me llamó para decirme que tenía una masa en el seno y que iba al médico.

Mi mamá siempre ha sido una mujer devota, con una fe inquebrantable en Dios y en la religión católica. Me contó que esa mañana se despertó con un dedo apuntando a un lugar específico en uno de sus senos. Ella supo de inmediato que era Dios señalándole que tenía un problema en ese lugar. Marcó con un bolígrafo ese punto en su seno y se dirigió directamente a la oficina de su médico.

Al llegar a la oficina, le negaron la atención médica debido a que tenía una mamografía reciente que indicaba que todo estaba bien. Sin embargo, ella insistió en que no se iría hasta que el médico la viera. Sabía que había algo que necesitaban encontrar y que no tenía tiempo que perder. Después de una larga espera, el médico finalmente la atendió, pero le informó que no tenía nada.

A pesar de esto, mi mamá no se rindió y le pidió que buscara mejor. «Hay algo ahí, busque bien porque está allí». Finalmente, logró persuadir al médico para que le hiciera otros estudios y, efectivamente, encontraron una masa en el lugar exacto que ella había señalado. El siguiente paso era realizar una biopsia para determinar si la masa era maligna.

Toda la familia esperaba ansiosa los resultados, pero lamentablemente no pude estar presente cuando llegaron. Durante una reunión, mi mamá me llamó y tuve que interrumpir para contestar, ya que sabía que ella estaba llamando para decirme qué arrojó la biopsia. Aún así, tenía la esperanza de que los resultados fueran negativos y que se trataba de una masa de grasa, o algo así. «Mi hijo, tengo cáncer». Esas fueron sus palabras tras yo responder la llamada diciendo «Bendición, mami». Sentí que el techo se derrumbó en mil pedazos y mi alma quedó sin su último aliento.

Tuve que irme de la reunión. Ese resultado me impactó, porque automáticamente lo que pasó por mi mente fue la palabra «muerte». De camino a mi casa, y con un dolor indescriptible en mi corazón, llamé a mis hermanos Edwin y Franklin. Los tres rompimos a llorar desconsoladamente. Luego llamé a Erick, quien salió temprano de su trabajo para acompañarme.

¿Cómo reaccionar cuando te dan la noticia de que tu querida mamá tiene una enfermedad tan grave? ¿Cuál es la forma correcta de afrontarla? ¿Cómo se supone que uno debe seguir con su vida normal? Yo no podía. Sentía que el mundo se movía bajo mis pies y que no tenía control de nada.

Después, mi mamá nos contó que siempre supo que era cáncer, pero que además sabía que Dios pondría su mano y se recuperaría. El diagnóstico oficial fue un cáncer de seno triple negativo en la etapa #1.

Según los médicos, este tipo de cáncer de seno es uno de los más peligrosos. La única oportunidad para erradicarlo es atacarlo rápidamente y de manera agresiva. De hecho, el médico dijo que si hubieran descubierto el tumor uno o dos meses después, mi mamá probablemente no habría sobrevivido. Ella comenzó un tratamiento que incluía cirugía, quimioterapia y radiación.

El día de la operación para remover el tumor y parte del seno, mis hermanos y yo estuvimos con ella en Massachussets. Nunca había experimentado ver que se lleven a alguien de su cuarto de hospital para el quirófano. ¡Qué doloroso es cuando la persona es tu madre! Es algo que no le deseo a nadie. Esas horas de espera fueron las más largas de mi vida. Finalmente, el médico nos anunció que todo había salido bien, y que el tumor no parecía haberse expandido a otras áreas pero que teníamos que esperar algunos días por esos resultados. Ahora, comenzaba la lucha real: la quimio.

Siempre supe que mi mamá era una guerrera, pero ante ese proceso que vivió, me quito el sombrero. Unas semanas luego de la operación, comenzaron las quimioterapias. Viajé de nuevo para estar con ella, al igual que mis dos hermanos. En esos días, estábamos más unidos que nunca. Manteníamos una actitud positiva y rezábamos, dándole las gracias a Dios por la sanación que sabíamos sucedería. A mami le decíamos que se tenía que curar para poder disfrutar de mi boda, que estaba cerca.

La quimioterapia es un tratamiento que salva vidas, pero es tanto lo que daña que, en el momento, parece ser más un mal que un bien. En el día de la primera quimioterapia mi tía Cándida, «tía Cucha», estaba en casa de mi mamá para ayudarla y cuidarla. Estábamos en la cocina cuando mi mamá se desmayó repentinamente. Permaneció inconsciente durante más de un minuto, un momento aterrador para todos nosotros en esa casa. Después, mi mamá nos contó que todo se volvió negro y que no recordaba lo que sucedió luego. El médico dijo que esto era una reacción normal a la primera quimioterapia y que las siguientes terapias no serían mejores.

Durante su segunda terapia, el cabello de mi mamá se cayó por montones, por lo que mi hermano Edwin tuvo que rasurarle la cabeza a petición de ella. A pesar de que su corazón se partió en pedazos, como el de todos nosotros, Edwin tuvo el valor de hacerlo. Yo solía encerrarme en el baño a llorar para que ella no me viera, y sé que mis hermanos hacían lo mismo. Después de cada tratamiento, mi mamá se quedaba tumbada en la cama por unos días. Luego, parecía tener un poco más de ánimo y así pasaban las semanas y meses. Durante todo ese tiempo, ella no le dijo a mi abuela lo que estaba pasando para no preocuparla. Le decía que no la podía visitar porque estaba trabajando mucho. Mi abuela Clemencia murió sin saber que mami tuvo cáncer.

Erick y yo tuvimos una conversación sobre nuestro estilo de vida después de esos largos meses de viajes e incertidumbre. Me di cuenta de lo lejos que estaba de mi mamá, quien vivía en Boston, y que mis hermanos estaban más cerca de ella que yo. Erick y yo no teníamos familia en la Florida, y él todavía tenía su trabajo esperándolo en Nueva York. También notamos que Nueva York era una ciudad central, a tres horas de Boston en tren, y que nuestros trabajos tenían muchas oportunidades allá.

Decidimos mudarnos nuevamente, regresando a donde comenzó nuestra historia juntos. Mami terminó sus quimioterapias a finales del 2018 y comenzó con las radiaciones. Mientras tanto, Erick y yo estábamos planificando una boda, la mudanza y los cambios en nuestros trabajos. Yo continuaba viajando constantemente entre Miami y Boston. Aunque fue una locura, todo valió la pena. Mami culminó sus tratamientos y hasta hoy está totalmente libre de cáncer. ¡Gracias, Dios!

Afortunadamente, pudo ver en varias ocasiones a su madre, mi abuela Clemencia, antes de que ella muriera.

SÍ, SOY GAY Y ME CASO

En noviembre de 2018, estaba preparado para mudarme de Miami a Nueva York mientras aún trabajaba en Univision. Sin embargo, resultó que la mudanza fue más extensa de lo previsto, ya que también cambié de trabajo. En ese momento, Telemundo se acercó con una propuesta de trabajo muy conveniente para mí. Me ofrecía un contrato como periodista para el noticiero de Nueva York. Decidí aceptarlo, así que llegué a La Gran Manzana como empleado de Telemundo.

Siempre fui muy franco con mis empleadores en Telemundo. Ellos sabían que yo era homosexual y que estaba comprometido con mi novio. No podíamos esconder el hecho de que me iba a casar. Necesitaba ser completamente transparente con todos los que me habían apoyado profesional y personalmente. Aún así, había ciertas cosas que tener en cuenta. Erick nunca había sido una figura pública ni le gustaba serlo. Tuvo que acostumbrarse a lo que le tocaba vivir porque se emparejó conmigo. No estaba preparado para salir del clóset públicamente, especialmente porque hay personas muy crueles en las redes sociales. Pero de eso hablaremos más adelante.

Durante y después de nuestra mudanza a NY, todos nos concentramos en la planificación de la boda para escapar de la realidad que estaba viviendo mi mamá, tanto para ella como para el resto de la familia. Fue una manera muy útil de enfocarnos en algo positivo. Cuando comencé a trabajar en Telemundo, ya era hora de enviar las tarjetas para que los invitados pudieran marcar la fecha de la boda en sus calendarios (*save the date*).

La sesión de fotos del *save the date* se llevó a cabo en las playas de Miami durante el mes de Julio. Desde el principio, teníamos claro que queríamos que todo relacionado con nuestra boda fuera una historia, ya que me encanta contar historias como periodista. Como la boda se celebraría en Las Terrenas, República Dominicana, queríamos simbolizar eso en la foto con algo que indicara nuestro destino. Además, agregamos la frase *Two souls, one path* (dos almas, un solo camino). En la foto, salí apuntando hacia el norte, invitando a nuestros acompañantes a unirse a nuestra celebración de amor. Para incluir a nuestros perros, Príncipe y Bruno, que no podrían viajar a la República Dominicana para la boda, quisimos que formaran parte de la sesión de fotos de alguna manera, y así lo hicimos. Aquí les comparto la foto.

Muchos miembros de mi familia se enteraron por primera vez de que yo era gay cuando recibieron sus tarjetas. Supongo que ya para ese entonces todos lo sabían, pero no se hablaba del tema. A mí ya no me importaba. Estaba tan cómodo conmigo mismo y mi vida, que no tenía miedo de enfrentar lo que viniera. Y, ciertamente, tuvimos que enfrentar comentarios y conversaciones no deseadas de ambas partes. Todavía no habíamos anunciado nada públicamente, por lo que les pedimos a nuestros futuros invitados que mantuvieran todo entre nosotros y que no publicaran nada. Pero, controlar esa información era imposible. Algunos simplemente estaban tan emocionados que no pudieron contener sus deseos de compartir la noticia.

Save the date

Mientras todo eso ocurría, nosotros seguíamos con el proceso de mudanza. Habíamos decidido vivir en Nueva Jersey porque era más cercano al trabajo de Erick y nos brindaba un lugar más tranquilo para crecer como familia. Sin embargo, cuando llegó el día de mudarnos, el apartamento no estaba listo, por lo que tuvimos que hospedarnos en un hotel por unas semanas. ¡Fue toda una complicación! Luego, Erick regresó a Miami para terminar de empacar y sacar todo de allá. Erick siempre termina empacando y organizando nuestras mudanzas. Mientras el apartamento estaba listo, yo me quedé en la casa de los padres de mi amiga Diana. ¡Éramos nómadas, pero pagando renta! No fue hasta mediados de diciembre que finalmente logramos llegar a nuestro nuevo hogar, y en ese momento solo quedaban cinco meses para la boda.

Regresando al envío de las tarjetas del *save the date*, nuestros amigos no pudieron contener su emoción y nuestra boda se convirtió en el tema principal de reuniones y fiestas. Llegó un punto en el que a Erick lo detenían en la calle para preguntarle si era cierto que se casaba conmigo.

Mientras tanto, yo luchaba internamente contra mis deseos de gritar a los cuatro vientos que Erick era el amor de mi vida y que me iba a casar con él. Me sentía deshonesto conmigo mismo y con las personas que me recibían diariamente en sus hogares a través del televisor. ¿Cómo yo, que ingresé al periodismo para ser una voz para los que no la tienen, podía ser tan hipócrita que no me atrevía a alzar la mía? Este secreto absurdo iba en contra de quién soy y me hacía cuestionar si alguien podría confiar en mí.

Pero, trabajaba en un ambiente corporativo con muchos procedimientos que seguir. Necesitaba la aprobación de Fulanito, Mengano y Perensejo antes de decir cualquier cosa. En medio de este dilema, la revista People se me acercó informalmente para hablar sobre mi boda. ¿Qué? ¿Cómo podían hablar de mi boda si nadie sabía nada? Pero así era, ellos ya sabían de nuestros planes y me dijeron que esa noticia tendría muchas repercusiones, y que sería más conveniente contar con un medio de confianza manejando la exclusiva. Después de todo, estaba rompiendo con los estereotipos de una boda tradicional a la cual la sociedad está acostumbrada, y más aún dentro del mundo de la televisión hispana.

Era hora de salir del clóset, ya que faltaban solo tres meses para la boda. Estaba listo y ansioso por compartir mi verdad en las redes sociales. Ese clóset donde estuve encerrado por mucho tiempo ya no era mi refugio. Tenía las llaves para ser totalmente libre, totalmente yo. El mensaje que quería enviar era un mensaje muy mío, desde mi corazón. No quería que fuera un mensaje corporativo, y eso fue lo que sentí que estaba pasando.

Entendí que era mi responsabilidad tomar esa decisión sobre mi vida privada, sin esperar la autorización de ningún jefe y sin que alguien más escribiera por mí lo que deseaba publicar. Ya no estaba dispuesto a permitir que algo o alguien tomara control sobre mí, mis emociones, mis sentimientos o mi identidad.

En el camino a casa sentí rabia e impotencia, y parecía que mi pecho estaba a punto de explotar. En el auto, estacionado a un lado de la carretera, empecé a redactar lo que quería decirle al mundo. Clic, clic, clic... Solo se escuchaban mis dedos en el teclado del celular. De clic en clic, terminé una publicación que me pareció genial, y el resto del camino a casa fue mucho más placentero.

Cuando llegué al apartamento, no pude esperar y le dije a Erick como saludo: «¿Sabes qué? Hoy salgo del clóset. Se acabó la espera. Hoy el mundo se entera de que me caso contigo... (bla, bla, bla)». Me monté en tribuna, y el pobre Erick estaba allí con los ojos abiertos como platos sin entender nada. Para él nada de esto era un problema. A él nunca le importó lo que la gente pensara de él, pero sabía lo importante que era para mí, por mi carrera. Además, él siempre fue un hombre muy privado con sus cosas.

Intentó hablarme y razonar sobre cuán sensato era decir todo eso en público y si era una buena idea subirlo a las redes. Pero ya era tarde, ya había presionado el botón de enviar. Mientras seguía hablando frente a Erick, el mundo estaba enterándose al mismo tiempo.

Justo cuando le dije eso, su celular comenzó a vibrar con muchos mensajes y llamadas que llegaron a la grabadora de voz. Lo mismo sucedió con mi celular. Fue en ese momento que Erick reaccionó realmente y se asustó. Tuvimos que salir a caminar para tranquilizarnos, ya que casi le dio un ataque de pánico. Finalmente, terminamos en la barra de la esquina tomando dos cervezas y decidimos apagar los celulares y dejar que las cosas siguieran su curso.

La noticia se extendió rápidamente. En menos de una hora, varios medios publicaron mi anuncio, incluida la revista People. Algunas personas del trabajo de Erick se enteraron a través de esas publicaciones. Él, siempre alejado del ojo público, tuvo que aceptar la realidad de lo sucedido. Ya nunca podría estar en el anonimato.

Esta fue mi publicación en las redes:

«Con el paso del tiempo, más entiendo lo importante que es ser feliz con uno mismo. Que la vida es una y que estamos hoy pero no sabemos de mañana. A la misma vez, siento que es mi compromiso ser transparente con cada uno de ustedes que me sigue y me continúa apoyando en mi carrera. Si mi misión en esta vida es ser una voz para aquellos que no son escuchados, entonces de esta manera hoy también sirvo como ejemplo. Hoy quiero compartirles que estaré tomando una de las decisiones más importantes en mi vida. ¡Me caso! Gracias a mi familia y a mis amistades por el amor incondicional hacia mí y mi futuro esposo. Gracias a cada uno de ustedes que están leyendo este mensaje. Si algo se llevan de este es que sean felices. ¡La vida es una!»

Foto que apareció con el mensaje

LA BODA DE ELLOS TIENE QUE SER LA MEJOR

Al otro día muchos me felicitaron en el trabajo. Sé que sus intenciones, en su mayoría, eran buenas. Pero, siempre hubo el cizañero que no perdió la oportunidad de decirme que los jefes no estaban contentos porque no seguí sus protocolos. Yo creo que no estaban preparados para la indiferencia con la que recibí esas noticias. Yo sabía muy bien lo que había hecho y estaba preparado para afrontar las consecuencias.

Pero lo que se hace de corazón y con buenas intenciones siempre prevalece. El público y muchos de ustedes, mis queridos lectores, que merecían que yo fuera completamente honesto, me enviaban mensajes positivos. Me felicitaban, me deseaban lo mejor, y aplaudían que hablara con mi verdad. ¿Saben qué? Estoy muy contento con la decisión que tomé, porque los mensajes que llegaron en aquel momento fueron de suma importancia. Obviamente, también recibí mensajes de personas que me hablaban de cómo me iba a quemar en el infierno, que Satanás me llevaría con él, que en la Biblia no dice que Adán se acostó con Adán y todo eso, pero esos no me importaban.

Los mensajes que realmente importaban provenían de personas que me dijeron, «por ti no me suicidé», «eres una inspiración», «gracias, gracias por esto», etc. Tengo mensajes de personas que estaban a punto de quitarse la vida, y que al leer mi publicación decidieron no hacerlo porque se identificaron con mi historia. Por esos mensajes y más, valió la pena el impulso.

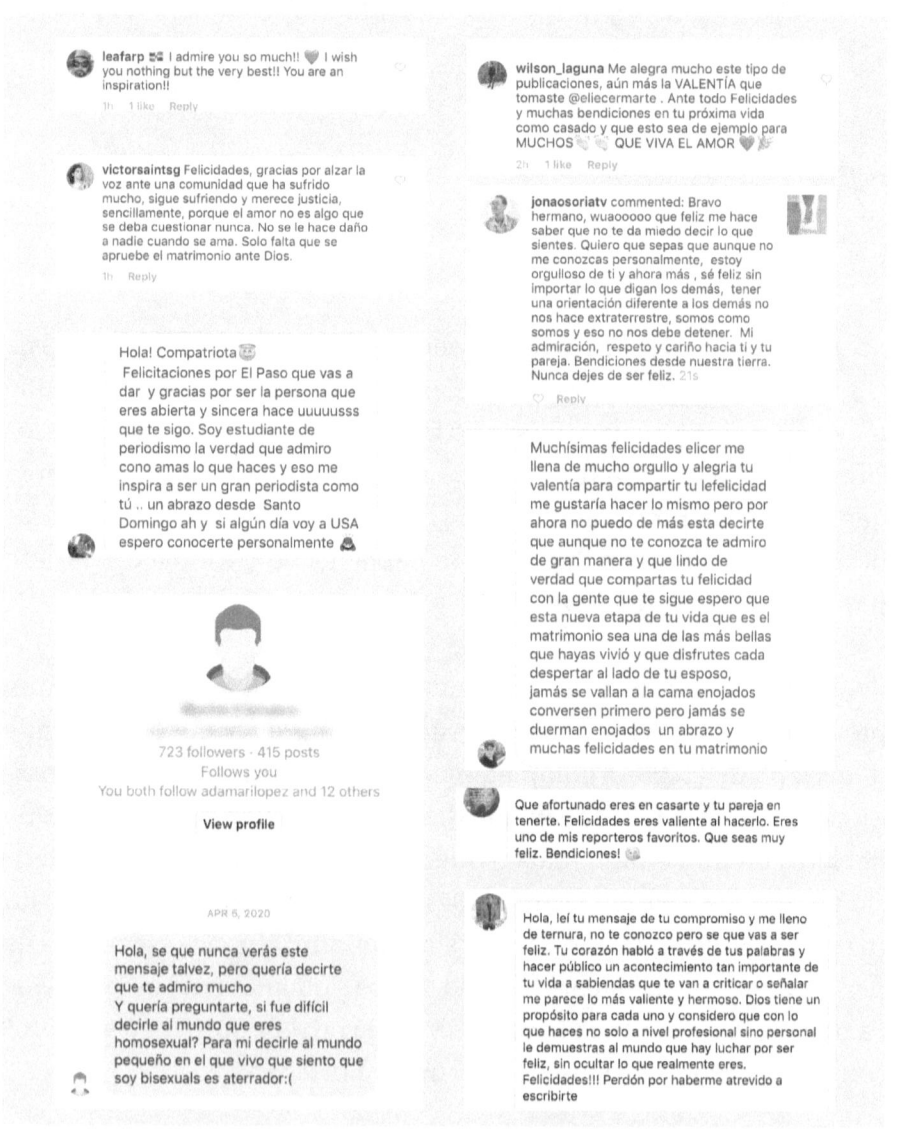

HOME > CELEBRIDADES

El reportero de Telemundo Eliecer Marte se casará con su novio

By Redacción People en Español
April 18, 2019 08:17 PM

388 likes

fuegoalalata1_ El presentador y periodista dominicano de Telemundo, @EliecerMarte, quien participó en el reality Cuerpos Hot del programa @nochedeluz, reveló que contraerá matrimonio el próximo 25 de mayo con su novio Erick Martínez, también de ascendencia dominicana.
La pareja organizará una recepción de celebración en una villa de las paradisíacas playas de las Terrenas en Samaná, República Dominicana, para 60 invitados, publicó la revista People en Español.
Más detalles en Fuegoalalata.do

 Últimas noticias

Eliecer Marte, famoso reportero de Telemundo, se declara gay y anuncia boda con su novio

La noticia llega momentos después de que la cantante Joy Huerta, integrante del famoso dúo musical 'Jesse y Joy', también revelara que se casó con su novia de hace cinco años y que está embarazada.

QUIÉN

Periodista se casa mañana en Samaná con su prometido

Sin embargo, todavía tenía una parte difícil por delante: terminar de planificar nuestra boda. Para colmo, nos casábamos en la República Dominicana, un país que no acepta el matrimonio entre homosexuales.

Quizás se estén preguntando por qué elegimos la República Dominicana como lugar para casarnos. La respuesta es que ya habíamos elegido ese lugar mucho antes de comprometernos, en nuestro primer viaje juntos a Quisquella La Bella. Dirán ustedes, ¡hombre rebelde este!. Pues sí, un poco.

Una de las actividades que solíamos hacer Erick y yo era ver el programa *Island Living* de HGTV, que mostraba lugares y paisajes maravillosos de diferentes islas. En un episodio, vimos a una mujer anglosajona paseándose en una motoconcho, y al escuchar a la gente hablar en español con un acento característico, nos dimos cuenta de que era en la República Dominicana. Los paisajes que vimos en esa escena eran espectaculares.

Cuando buscamos información, encontramos que Las Terrenas, Samaná, República Dominicana, era el lugar donde se filmó ese episodio. Ahí mismo decidimos planificar un viaje para conocer ese sitio especial, y en diciembre de 2016 volamos para quedarnos unos días allá. Cuando llegamos, el lugar era tan impresionante que ambos dijimos, «si algún día nos casamos, va a ser aquí». El enamoramiento con aquel lugar fue tan grande que terminamos comprando un apartamento muchos años después, ya luego de la boda.

Pero no nos adelantemos. Cuando decidimos casarnos, ya sabíamos que sería allí, en aquel lugar paradisíaco donde surgió por primera vez la semillita del matrimonio. Conseguimos a una planificadora de bodas que emigró desde Canadá para vivir allá con su pareja dominicana, así que hablaba inglés con Erick y español conmigo. Todo era perfecto. Bueno, casi.

En ningún momento consideramos las posibles consecuencias de casarnos en un lugar que claramente prohibía las uniones como la nuestra. Después de mi repentino anuncio sobre mi sexualidad y mi boda, tener la ceremonia en un lugar donde no nos aceptaban como pareja fue un problema. Hubo una gran cantidad de amenazas, recibimos mensajes de personas que nos dijeron de todo, incluso que hasta prenderían fuego en el lugar donde sería la boda con nosotros adentro. Cuestionaron mi nacionalidad, diciendo que me fui del país cuando era niño, preguntándome quién creía que era, y muchas otras cosas más.

Debido a la posibilidad de problemas de seguridad, tomamos la decisión de contratar guardias y tener la ceremonia al aire libre, frente a las olas del mar, en unas villas privadas donde el acceso fuera exclusivo para nuestros invitados. Fue un proceso complicado. Los que estaban en contra luego afirmaban que tratábamos de pasar por encima de la ley con nuestro dinero. No consideraron en ningún momento que la ceremonia no era ni religiosa ni legal, ya que nuestra boda legal tendría lugar en los Estados Unidos.

Finalmente, estábamos tan preocupados por nuestra seguridad y la de nuestros invitados que cambiamos la dirección de la boda. En las invitaciones, se proporcionó una dirección falsa y los invitados se transportaban en un vehículo que los llevaba a la verdadera ubicación de la ceremonia y la fiesta.

Todo valió la pena. Como planificamos una boda destino y nuestros invitados viajaron para celebrar con nosotros, quisimos brindarles unas pequeñas vacaciones. Durante los tres días previos a la ceremonia, ofrecimos actividades y eventos para que pudieran disfrutar de Las Terrenas, como salidas en botes, cenas privadas y pequeñas fiestas. El día de la boda tuvimos de todo, incluso un pequeño carnaval. Al día siguiente, organizamos un brunch para nuestros invitados, todos vestidos de blanco, para despedirnos y agradecerles por haber compartido ese momento tan especial con nosotros. Nuestra boda fue un sueño hecho realidad. Fue un gesto de amor, donde dimos testimonio de nuestro compromiso para vivir el resto de nuestras vidas juntos. Quienes nos acompañaron eran los que debían estar. Los que protestaron, se burlaron y trataron de impedir nuestra unión quedaron en evidencia como los prejuiciados y cortos de mente que son.

Ahora les contaré un gran secreto. ¿Recuerdan que en julio del año anterior a nuestra boda enviamos las tarjetas de *save the date*? Pues nuestra boda legal, la de las firmas y el contrato, la realizamos en agosto de ese mismo año. Es decir, cuando nos mudamos a Nueva York, durante todas mis frustraciones con el anuncio de mi matrimonio y mientras recibíamos amenazas y protestas en contra de nuestra boda, nosotros ya estábamos casados. El día de nuestra boda en Las Terrenas fue nueve meses después de haber jurado frente a un juez que somos marido y marido.

«Nuestra historia de amor no es perfecta y nunca lo será, pero es nuestra historia y nosotros somos los autores. Siempre será nuestra historia de amor, siempre y cuando no dejemos que nadie trate de agarrar ese bolígrafo para escribir sobre ella».

—Parte de mis votos de matrimonio

Nuestra boda.   Fotógrafo: Stanley de la Cruz

Celebrando nuestro amor.   Fotógrafo: Stanley de la Cruz

LA PANDEMIA, LA CASA, LA MAMOGRAFÍA

Las navidades del 2019 fueron espectaculares. Nuestras vidas estaban por fin en el rumbo que siempre soñé. Mi mamá gozaba de buena salud, vivíamos en un apartamento bonito y bien ubicado, mi familia se mantenía unida y mi relación con Erick ya no era un secreto. Además, nuestras carreras estaban en ascenso y éramos muy felices.

Sin embargo, llegó el 2020 y con él, la pandemia mundial del Covid-19. A finales de enero, el mundo entero ya estaba en alerta. Como periodista en la ciudad de Nueva York, mi trabajo se volvió aún más importante. Fui el primero en reportar el primer caso confirmado de Coronavirus en Nueva York para un canal hispano, pero jamás me imaginé lo que nos tocaría vivir. Me encontraba en la calle, informando a la gente sobre la ciencia detrás del contagio, las formas de mantenernos seguros y, sobre todo, las consecuencias de esta terrible enfermedad.

No entraré en muchos detalles, ya que todos esos reportajes están en los anales de la historia y son públicos para aquellos que deseen verlos si aún no los han visto. Lo que no se sabe públicamente es cuán doloroso y aterrador fue para todos los que trabajamos frente y detrás de las cámaras el llevar esas noticias al aire. Era vital mantener al público informado, y todos los que trabajamos en esas historias lo hicimos no solo porque era nuestro deber, sino también por vocación.

Estar en vivo contando cómo el departamento de salud tuvo que establecer morgues temporales en las calles de la ciudad mientras los muertos pasaban por nuestro lado, no era nada fácil. Todos los días salíamos a cubrir eventos que, de una manera u otra, ayudaban a disminuir los contagios y a mantener a la gente mejor informada. Pero, al hacerlo, nos exponíamos a la enfermedad, lo que significaba exponer también a nuestras familias.

Aquí hago una pausa para dirigirme a aquellos que todavía insisten en que la pandemia fue algún tipo de conspiración, que nunca hubo tal peligro y que la enfermedad no era tan grave como para necesitar una movilización en masa para controlarla. Esos viven en alguna burbuja donde no llega el internet y no ven las noticias de la televisión.

Yo no lo vi en videos, lo viví en carne propia. A mí me tocó escribir las historias de dolor y sufrimiento de aquellos que sucumbieron al Covid-19 desde las etapas tempranas. Eso no fue un invento, y decir lo contrario es faltarle el respeto a todos aquellos que de una forma u otra arriesgamos nuestras vidas y las de nuestros seres queridos para poner nuestro granito de arena y sobrellevar esa emergencia.

La cantidad de protocolos de higiene que tuvimos que implementar, tanto en nuestro trabajo como en nuestras casas, añadieron a un ambiente de estrés y fatiga extrema. Erick y yo no podíamos ni saludarnos sin antes despojarnos de todo lo que pudiera representar un vehículo de contagio. Tratar de mantener el virus fuera de nuestra puerta fue un trabajo en sí mismo. Vivíamos en un condominio, lo que significaba que teníamos que tomar medidas extra de protección debido a la proximidad con nuestros vecinos y las muchas áreas comunes que daban acceso a nuestro apartamento.

Por todas esas razones, decidimos estresarnos un poco más y compramos nuestra primera casa. Cuando le comentábamos a alguien sobre este siguiente paso, nos decían que estábamos locos por adquirir una propiedad en tiempos de pandemia. Por si todavía no lo han notado, nosotros aprendimos a no tenerle miedo al fracaso y, cuando decimos hacer un proyecto, nos lanzamos de cabeza. Exactamente un año y un mes después de nuestra boda pública, éramos los orgullosos dueños de una hermosa residencia en Nueva Jersey. El trajín de decorar, comprar muebles y organizar la mudanza fue extremadamente complicado debido a la pandemia, pero nos gozamos todo el proceso. Un proceso que nunca tiene fin, porque siempre hay algo que cambiar o remodelar.

Nuestro hogar es mi santuario y refugio. Me encanta ver a mi esposo muy contento preparando un rico plato de comida. La bendición de tener este hogar me comprueba una vez más que los sueños se cumplen, pero solamente si uno los trabaja. Hay que planificar, mantenerse consistente, ponerle mucha dedicación y no rendirse cuando las cosas no salen bien de la primera, segunda o tercera vez. No hay una hada madrina que viene con una varita mágica y te lo sirve todo en bandeja de plata. Para lograr las cosas, hay que hacerlas posibles. Como se dice en mi país, hay que «guayar la yuca».

Ahora bien, nuestra vida no seria interesante sin esas trabas en el camino. Luego de casi ocho meses de mudarnos a nuestro nuevo hogar, noté que un lado de mi pecho estaba más grande que el otro y que uno de mis senos estaba creciendo. Al principio no le di mucha importancia, pero con el tiempo noté que la diferencia entre ambos seguía aumentando. Luego, el otro seno también desarrolló un tipo de masa. Decidí acudir al médico para verificar que todo estuviera bien, pensando en la pandemia en curso. Aunque un crecimiento así no es un síntoma de Covid-19, consideré que no estaba de más asegurarme.

Durante la visita médica, me realizaron un examen físico y una serie de pruebas de laboratorio y radiografías que suelen formar parte de un chequeo regular. Sin embargo, me sorprendió que me pidieran una mamografía en ambas mamas para poder determinar con precisión el origen del problema.

Para aquellos que no lo saben, los hombres también pueden hacerse mamografías. Aunque no hay un protocolo regular para los hombres como lo hay para las mujeres, se recomienda a aquellos con alto riesgo de cáncer mamario que se sometan al examen. Uno de los factores de riesgo es tener un familiar directo con ese tipo de cáncer. ¡Bingo! Gracias al cáncer de mi mamá, yo caía en ese grupo.

Sin perder tiempo, agendamos la mamografía. El cuarto médico estaba bien frío, y los nervios no me ayudaban. Comencé a recordar que mi mamá también se había realizado la misma prueba cuando fue diagnosticada con cáncer. A medida que pasaba el tiempo, empecé a cuestionar mi fortaleza para enfrentar una situación similar a la de mami. Durante ese momento, pasaron por mi mente diversos pensamientos, incluso la idea de la muerte.

En poco tiempo, recibimos los resultados y, como sospechaba mi médico, encontraron varias masas en ambos senos. A partir de ahí, comenzó una serie de exámenes, visitas médicas y conversaciones difíciles. La mejor manera de saber qué tipo de masa está presente en el cuerpo es haciendo una biopsia. En la biopsia se envían muestras del tejido de la masa al laboratorio para su análisis, donde los expertos determinan si las células son cancerosas o no. Ya que el médico decidió que mi mejor opción era extirpar las masas, se tomarían las muestras de tejido necesarias en ese momento.

En abril de 2021, los médicos me operaron para extirpar las masas. Estando ya en la camilla, el mundo se me vino abajo. Me transporté a ese momento cuando vi a mi mamá en la camilla rumbo al quirófano y recordé los días que nos tocaron más adelante, que fueron muy dolorosos para ella y para la familia. En esta ocasión, yo estaba en la camilla y mi mamá me acompañaba junto con Erick. Ver a mi mamá llorar cuando me entraban en el ascensor fue como revivir cuando lloré mientras a ella la llevaban para su cirugía. Nuevamente pasó todo lo anterior por mi mente, pero también pensé en mis deseos de convertirme en padre y si iba a ser posible, o si lo que me esperaba era una batalla contra una enfermedad que no iba poder a superar. Esos eran mis pensamientos segundos antes de que me pusieran a dormir para la operación.

La operación duró unas dos horas, y al despertar tenía a Erick agarrando mis manos mientras mi mamá estaba en el estacionamiento esperando. Ella no pudo subir porque en ese entonces los hospitales aún estaban bajo los protocolos del Covid-19. Luego de la operación, comenzó la espera por los resultados de la biopsia. Mientras lidiaba con el dolor de la operación, los días se me hacían eternos. No dormía, no podía ni comer, y mami se quedó con nosotros para «añoñarme» (darme cariño).

Pueden imaginar lo difícil que fue para mí procesar todo esto. Después de la experiencia de la enfermedad de mi madre y de ver su calvario con las quimioterapias y la radiación, era difícil mantenerme positivo. Pero además de mi mamá tenía a Erick, quien me brindaba fortaleza y apoyo constante. Yo trataba de no preocuparlos, por lo que intentaba mantenerme lo más ecuánime posible. Pero, los nervios me traicionaban durante lo que fue una larga espera.

Finalmente, recibí los resultados de la biopsia y casi no lo creí cuando el médico me informó que eran negativos. ¡No tenía cáncer!

La celebración de ese día fue memorable. Sabrán que lloré como nunca había llorado en mi vida. Sentí que la vida me estaba dando otra oportunidad. No fueron una, ni dos, ni tres las veces en que pensé que tenía los días contados mientras esperaba por esos resultados. Con ellos vi aún más claro que estamos aquí prestados, y que cada día puede ser el último. Por eso, hay que vivir en autenticidad. Vivamos siendo felices y entendiendo que la vida solo es una y que puede terminarse en cualquier momento. Hay que vivir a plenitud. Uno nunca sabe cuáles serán las sorpresas del destino.

Y hablando de sorpresas, ya el destino nos tenía una grande, ¡y doble!

ÉRAMOS DOS, Y FUIMOS CUATRO

En los días previos a nuestra boda, en la República Dominicana, fuimos a pasear por los alrededores del área. Pasamos por un puente, y la planificadora de bodas nos contó que a ese puente le decían el «puente placenta», porque muchas mujeres parían a sus hijos allí y los abandonaban con todo y placenta. Para hacer la historia aún más triste, nos informó que solo los bebés de piel blanca sobrevivían, porque eran los únicos que recogían. A los bebés morenitos los dejaban allí, abandonados a su suerte.

Esta imagen nos partió el corazón a ambos. Ese día nos confirmó que queríamos ser padres, pero que antes adoptaríamos a algún niño que necesitara una familia. Por supuesto, queríamos establecernos primero, tener nuestra casa y estar seguros en nuestra relación de casados.

Este viaje al mundo de la paternidad no fue un impulso. Es un sueño muy bien planificado. Siempre supe que quería ser padre. Por eso, cuando le di la noticia sobre mi boda a mi mamá y ella me preguntó nuevamente si le daría nietos, mi respuesta, fue un rotundo, «sí». Nunca dudé de tener familia propia. Cuando comencé mi relación con

Erick, una de las primeras cosas que discutimos fue la cantidad de hijos que quería tener, lo cual demostró lo serio del asunto.

Cuando compramos nuestra casa, consideramos las escuelas y el sistema de educación en el área. Al principio, nuestra opción para adoptar era en la República Dominicana. Sin embargo, las leyes de ese país no nos lo permitían. Por lo tanto, comenzamos a explorar opciones en los Estados Unidos y decidimos ofrecernos como padres temporarios (*foster parents*).

Entre mis citas médicas, la operación, la biopsia y la angustia de la espera por resultados, el mes de abril de 2021 pasó casi sin que nos diéramos cuenta. ¡Imagínense qué sorpresa cuando nos asignaron no uno, sino dos niños para cuidar temporalmente! Y no solo eso, ¡llegarían en mayo! Nuestros nuevos hijos temporales eran una niña y su hermano menor, ambos de ascendencia dominicana. Su madre estaba en los Estados Unidos, pero por razones que no vienen al caso, no podía tenerlos con ella. ¡Erick y yo estábamos emocionados con la noticia! En un momento, me pregunté a mí mismo: ¿no te asusta que sean dos de una vez? Pero me dije que era una doble bendición. No solo teníamos la oportunidad de ayudar a más de un niño que necesitaba un hogar, sino que también ayudaríamos a mantener juntos a unos hermanos.

Para ser *foster parents* primero hay pasar por varios entrenamientos, evaluaciones médicas y verificación de antecedentes, entre otros requisitos. El proceso lleva aproximadamente un año. Cuando nosotros comenzamos, justo inició la pandemia del coronavirus, así que todo fue virtual, y a la misma vez, en medio de la compra de nuestra primera casa. ¡Es que Erick y yo no podemos ser «normales»!

La llegada de nuestros niños fue muy repentina. Unas semanas antes nos avisaron que existía la probabilidad de que fueran removidos de su hogar materno, pero eso no sucedió. Luego, dos semanas después, de manera inesperada, recibimos una llamada para decirnos que los niños vivirían con nosotros. Esa misma tarde corrimos para comprar todas las cosas esenciales y en menos de un mes hicimos todo: preparamos los cuartos de los niños, contratamos a una niñera que nos ayudaría mientras estábamos en el trabajo y buscamos un pediatra. También, decidimos a qué escuela irían, quién los llevaría a la escuela y quién los recogería y les compramos ropa. Nada, pero nada, nos preparó para nuestra reacción cuando los vimos por primera vez.

Una de nuestras cámaras de seguridad se encargó de plasmar el momento cuando los niños, acompañados de dos trabajadores sociales, se acercaban a nuestra puerta. Ella, con un rostro de confusión acompañado de gritos y desesperación, porque se quedaría a vivir con dos extraños. Él, aún sin hablar por su corta edad, con su mirada lo decía todo. Sus ojos exclamaban, «¡sálvenme!». Ambos llegaron con la necesidad de ser amados y protegidos. Fue amor a primera vista. Cuando vi esos ojitos grandes, con esa mirada que llevaba igual mesura de susto y esperanza, mi corazón quería explotar. Cuando miré a Erick y vi sus ojos igual de brillosos como sabía que estaban los míos, supe que estos no eran hijos temporeros. Eran nuestros. Punto.

Nuestra vida cambió por completo, y fue para bien. De un día para otro, comenzamos a planificar todo en función de los niños. Antes, cuando me levantaba de la cama, lo primero en lo que pensaba era en Erick, y lo último en lo que pensaba antes de dormir era en él también. Ahora, esos dos chiquitos compartían ese espacio en mi mente y en mi corazón.

No puedo decir que todo ha sido color de rosa. Definitivamente no lo ha sido. Cada niño que pasa por el proceso de separación de sus padres biológicos y su asignación a un hogar adoptivo sufre traumas. Mis hijos no son la excepción. Juntos hemos sobrellevado varias crisis. Como todo padre, tanto Erick como yo queremos lo mejor para nuestros hijos y hacemos todo lo posible por buscar las mejores opciones, tratamientos y ayuda. Pero, lo más importante es que tratamos de hacer que se sientan queridos en todo momento.

La llegada de nuestros hijos ocupó un lugar muy importante en nuestra vida familiar. Comprendimos cuánto amor teníamos para dar y que estábamos listos para abrir nuestras puertas y corazones. Ser padres ha sido una de las mayores bendiciones que Dios nos ha otorgado.

AND THE WINNER IS... LOS EMMYS

Todos los que trabajamos en la industria de la televisión sabemos que, por más profesional, ético o impresionante que sea nuestro trabajo, dependemos de la audiencia para continuar haciéndolo. Todos los artistas se deben a su público, y las artes noticiosas siguen siendo un arte. Si algo aprendí en mis años de carrera es que, aunque los programas puedan ser los mejores del mundo, si a los ejecutivos de la cadena no les conviene o no les interesa mantenerlos al aire, los cancelan de un día para otro. Eso fue lo que sucedió con Sal y Pimienta.

Mis compañeros y yo valoramos enormemente los reconocimientos que validan nuestra labor. Nos hacen saber que nuestro trabajo hace una diferencia y logra llegar a la audiencia, informándola y tal vez transformando sus vidas de manera positiva. Además, estos galardones añaden peso a nuestros esfuerzos frente a los ejecutivos de los canales y cadenas televisivas. Créanme, esos premios llegan directamente a las oficinas de los altos mandos.

Entre todos los premios que anhelamos, hay uno que se destaca por encima del resto: el Emmy. Esta estatuilla representa el pináculo del éxito en la televisión. Los premios Emmy son un reconocimiento anual a la excelencia en la industria televisiva, y los miembros de la Academia de Artes y Ciencias de la Televisión de Estados Unidos son quienes eligen a los galardonados.

Desde que llegué a Telemundo a finales del 2018, pude sentir la energía que corría por los pasillos del canal cuando se acercaba la fecha de las nominaciones. Después de todo, esos premios se entregan en la ciudad de Nueva York, mi sede. Ya sabía que alcanzar esa meta era uno de los objetivos más importantes en mi carrera, especialmente como representante de la comunidad hispana en el mercado de televisión más importante de los Estados Unidos.

En el 2019, experimenté la emoción de recibir un Emmy cuando mi equipo ganó el premio por la cobertura de un acontecimiento meteorológico que paralizó toda la región del noroeste de los Estados Unidos. Fue un momento surrealista. Me emocioné mucho, pero también sabía que era solo el principio. Ahora, la meta era ganar un premio Emmy por un trabajo individual.

El año 2020 presentó muchos retos, ya que la pandemia se apoderó de nuestras vidas y de mi trabajo. Durante ese año y el siguiente, mi principal motivación fue ayudar, inspirar e informar. En cuanto se anunció la crisis de salud que se aproximaba en enero de 2020, me enfoqué en la realidad humana detrás de todos los sucesos. No solamente buscaba informar para que nuestra audiencia tomara las medidas de precaución necesarias, sino también acompañar en el dolor a aquellos que perdieron a un ser querido por la pandemia. Yo era el responsable de dar a conocer sus historias. A esto, había que sumar el reto de evitar contagiarme.

Por eso, cuando se anunciaron las nominaciones para los Emmy en 2021, nadie estaba más sorprendido que yo al enterarme de que había sido nominado siete veces. El «domini», el muchachito que se pasaba llorando en Lawrence, el que vivió tantas experiencias intensas durante sus años universitarios y de carrera, ese latino tenía siete nominaciones. Me nominaron en carácter individual por reportajes como El impacto del coronavirus en la ciudad de Nueva York, sobrevivientes del Covid y los estragos de esta enfermedad meses después de estar al borde de la muerte, además de otros reportajes especiales y de interés humano. También estaba nominado junto a mis grandes colegas del noticiero en la cobertura de las elecciones presidenciales, tormentas invernales y las protestas tras la Muerte de George Floyd.

Esa noche, al comenzar la ceremonia, me sentía como si estuviera flotando. Fue todo virtual, ya que aún quedaban estragos de la pandemia. No les niego que estaba nervioso. ¡Para colmo, me tocó trabajar ese día! Por mi mente pasaban los discursos de aceptación que tenía listos para cada categoría donde estaba nominado, aunque no sabía si iba a ganar. La ceremonia, como ya les dije, no fue presencial, pero yo la sentí muy real. Era una adivinanza. Todos los nominados eran excelentes compañeros de los medios.

Entonces, según pasaba la noche y anunciaban las categorías, comenzaron a decir mi nombre. ¿Que qué? ¿Que yo gané? ¿Y otro? ¿Y otro...? Al final de la noche tenía cuatro estatuillas y una sonrisa de oreja a oreja. De siete nominaciones, gané cuatro. No se podía negar el impacto de esa noche en mi carrera.

Reconozco que los galardones no nos definen como profesionales. Yo mismo lo he dicho anteriormente. Pero en mi caso, luego de tanta lucha, trabajo y sacrificio, esos premios fueron un homenaje a todos esos años de incertidumbre, desesperación, soledad y dedicación. Esa noche entendí que no importó si me pagaban poco o nada al principio de mi carrera, porque todo llega a tener su recompensa.

¿Pueden adivinar lo que sucedió en el 2022? ¡Recibí otras siete nominaciones! Entre ellas, fui nominado para el mejor reportaje de noticias del día y el mejor reportero de noticias. Ahora, todos aquellos que alguna vez dudaron de mi talento, capacidad, o simplemente por mi orientación sexual tuvieron que reconsiderar lo que pensaban de mí. En esa ocasión, la ceremonia fue en persona y fue un momento histórico. Caminé por la alfombra roja agarrado de la mano de mi esposo. Dicen por ahí que soy el primer periodista dominicano en hacer muchas cosas. Definitivamente, en esta sí tienen razón. Aquella alfombra roja se lució con mi espectacular marido, que se ve impresionante en un tuxedo.

Esa noche del 8 de octubre de 2022 se repitió la historia y gané cuatro galardones, incluyendo tres en categorías individuales. Aunque cada uno tiene un significado especial, me siento muy orgulloso del premio a una serie especial sobre la lucha, evolución y logros de la comunidad LGBTQ en Estados Unidos durante los últimos cincuenta años. A eso le decimos en inglés un *full circle moment*. Aquel niño dominicano que creaba ese programa infantil en el garaje de su abuela, en el barrio San Antonio, Los Mina, recibió ese Emmy en particular en la capital del mundo y en la ciudad estadounidense donde la industria de la televisión es la más importante. Esa es mi mayor representación del éxito. Mi éxito, en mis términos, a mi manera, sin comprometer mis valores o mi felicidad y sin dejar de ser yo.

Junto a mi esposo en la alfombra roja

Los Emmy

EN BUSCA DE UN REGALO

Se podría pensar que el libro termina aquí, pero resulta que no. Mi historia no termina aquí, ¡sino que apenas comienza! A pesar de todos estos logros que les conté, siempre hay espacio para crecer y rincones en el corazón por llenar. Uno de esos rincones se ha hecho sentir desde hace tiempo. Para ser exactos, desde el 2021. Y ese rincón lo comparto con Erick.

Desde antes de casarnos, decidimos que adoptaríamos a nuestro primer hijo por las razones que ya les conté. Y ya saben que en lugar de uno, terminamos con dos preciosos niños, una princesa y un príncipe que revolucionaron nuestra casa y nuestros corazones al punto de que no podríamos vivir sin ellos.

Sin embargo, siempre tuvimos en mente ampliar nuestra familia después de la adopción y en el año 2021, dos meses después de que nuestros hijos llegaran a casa, supimos que queríamos tener más hijos, esta vez por otros medios. Ese año comenzamos la investigación y los exámenes para la maternidad subrogada, o gestación por contrato.

La maternidad subrogada es un proceso que, si se hace de la manera correcta, está bien regulado por agencias de muy buena reputación. Nosotros encontramos una agencia que nos orientó y nos guió en todo el proceso, desde la ciencia y la genética hasta los detalles de la contratación.

Una de mis canciones favoritas es *El regalo más grande*, por Tiziano Ferro, y así me siento al escribir estas líneas, como el premiado con el regalo más grande. Estoy en un avión junto a mi esposo rumbo al lugar donde se escribirán los siguientes capítulos de nuestra historia. Allí depositaremos nuestro ADN en unos recipientes estériles que serán los vehículos para un milagro. Vamos en búsqueda de nuestros próximos hijos. El destino se encargará del resto y ustedes, mis queridos lectores, también serán parte de ese proceso. Pero ese es tema para el próximo libro. ¡Ya les contaré!

De camino a un milagro

ESTO ES
SOLO UNA PAUSA

Este momento de pausa en nuestra conversación, mis queridos lectores, es agridulce. Son muchas las emociones encontradas. Compartir mi historia de vida ha sido una de las cosas más difíciles que he hecho, pero también una de las más gratificantes. Siento la satisfacción de escribir en estas páginas todo lo que quería. Ustedes conocen más sobre mí que cualquier otra persona, excepto mi esposo. A lo largo de la lectura, fueron testigos de mis verdades, circunstancias y realidades. Me acompañaron en mis lágrimas, risas y todas las emociones intermedias. Son, literalmente, parte de mí.

Si algo espero que surja de esta aventura, es que todos comprendan lo que significa estar «en el clóset». No es un eufemismo de algo más desagradable. Es desagradable en sí mismo. Es una prisión mental donde no se puede ser sincero sobre quién eres o cómo te sientes. Es como estar atrapado en la oscuridad involuntariamente. Es la imposibilidad de ser auténtico sin enfrentar repercusiones injustas e injustificadas

En estas páginas plasmé mi lucha interna y mis miedos, dudas y alegrías al aceptar mi verdadera identidad. Traté de ser honesto conmigo mismo y con ustedes, mis lectores, y espero que mis palabras hayan servido para inspirar, educar o simplemente para hacer sentir menos solos a aquellos que estén dentro de sus respectivos clósets. Al igual que el éxito, estar encerrado en un clóset es relativo. No solo se está «en el clóset» por orientación sexual o identidad de género.

A veces sentí que me arriesgaba al revelar mi verdadero yo, pero a medida que avanzaba en mi camino, aprendí que ser genuino y honesto es la única forma de vivir plenamente.

Por eso, si alguien puede encontrar en estas páginas una chispa de valor para enfrentar sus propios miedos, habré cumplido mi objetivo. Quiero agradecer a todos los que me han apoyado en este proceso, y espero que mi historia pueda ayudar a generar más comprensión y respeto no solo hacia la diversidad sexual, sino hacia la diversidad general que existe entre todos los seres humanos. Que no les quede la menor duda de que cada uno de nosotros tiene el control absoluto sobre cómo vivir su vida. ¿Qué mejor manera de hacerlo que siendo honestos y expresándonos plenamente, incluyendo nuestras imperfecciones?

Les hago una promesa solemne: continuaremos esta conversación. No los dejaré en suspenso por mucho tiempo. Cuando reanudemos nuestro diálogo, mi casa estará más llena, así como también mi alma.

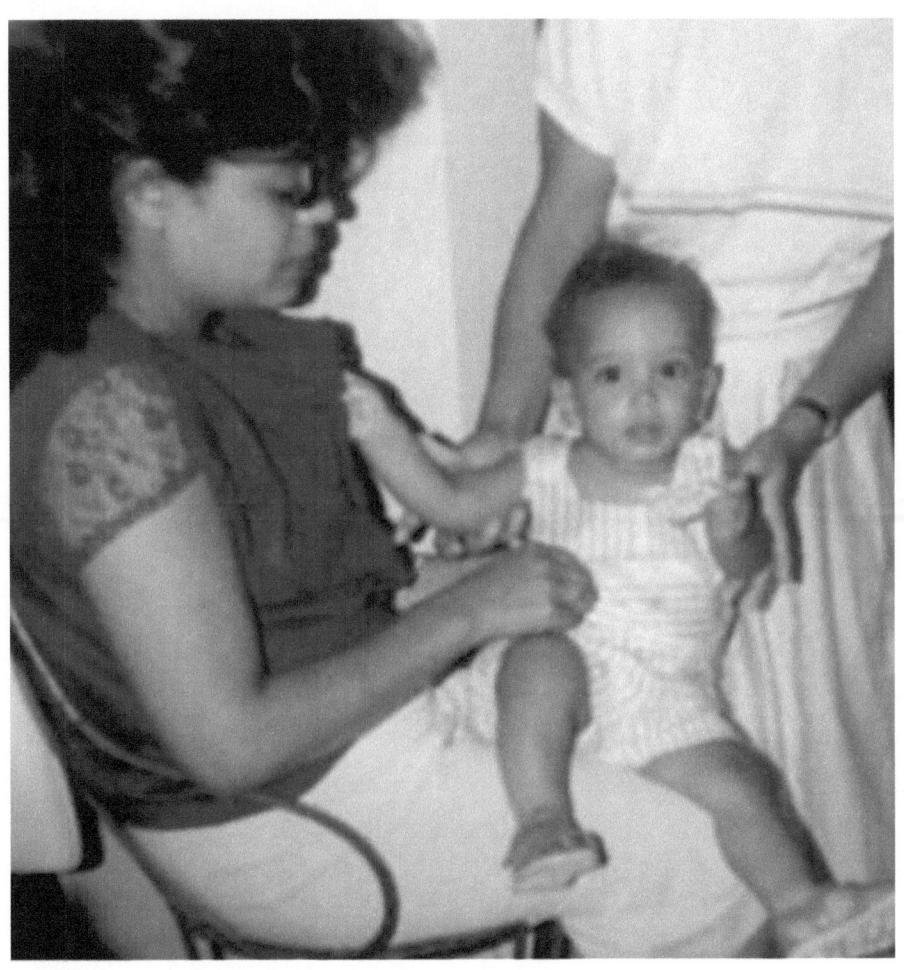

A ese pequeño Eliecer le digo hoy en día, «Nunca dejes de ser tú, esa es tu mayor virtud». -Eliecer Marte

Eliezer Marte

www.ingramcontent.com/pod-product-compliance
Lightning Source LLC
Chambersburg PA
CBHW030522080526
44586CB00011B/291